新時代の保育双書

# 保育内容 表現

## 第2版

みらい

## 執筆者一覧（五十音順）　○＝編者

| | | |
|---|---|---|
| ○清原　知二（きよはら　ともじ） | （元関西学院大学） | 第2章第1節〜第5節・付録 |
| 栗山　誠（くりやま　まこと） | （関西学院大学） | 事例35〜48 |
| 塩見　知利（しおみ　ともとし） | （大谷大学） | 第3章・第4章 |
| 丁子かおる（ちょうじかおる） | （和歌山大学） | 第5章第2節・事例1〜5 |
| ○中川　香子（なかがわ　きょうこ） | （聖和短期大学） | 第1章 |
| 西尾　正寛（にしお　まさひろ） | （畿央大学） | 第5章第1節 |
| 葉山　正行（はやま　まさゆき） | （大阪キリスト教短期大学） | 第2章第6節 |
| 平野　真紀（ひらの　まき） | （常磐会短期大学） | 事例21〜34 |
| 村田　夕紀（むらた　ゆき） | （元四天王寺大学） | 事例6〜20 |

# はじめに

　私の身近にいる子どもたちは、描いたり作ったりすることが大好きです。それらは幼稚園や保育所、認定こども園においてだけでなく、日常生活のなかでもごくあたりまえに行われます。なぐり描きをするようになったばかりの1歳半の女の子は、まだ言葉は話しませんが、歌のようなものを口ずさみながら、楽しそうに色鉛筆をくるくる走らせていました。女の子が絵を描き終え、周囲の者が手をたたいてほめると、彼女は得意そうな顔をします。それはまるで、大切な仕事を仕上げたような満足感にあふれた表情です。表現することは、子どもたちに充実感と誇りをもたらすのです。そして、彼らが作りだす表現は、この時期だけにしか見ることのできないチャーミングなものばかりです。

　子どもの造形表現を見ていると、なぐり描きから丸や形が生まれ、人が現れ、やがて絵のなかに楽しい物語が編み出されるようになります。あるいは、ぎこちない手の動きがしだいに巧みになり、粘土や紙からさまざまな形が生みだされるようになってきます。いっしょうけんめい感じ、考え、工夫しながら、自分の思いやイメージを表現できることは、人間だけに与えられたすばらしい能力です。

　けれども、人は大人になるにつれ、描いたり作ったりすることがだんだん少なくなってきます。さらに現代では、いろいろなものを自分で作らなくてもよくなったおかげで、ますます私たちは手を使わなくなってきました。これでは、私たちに与えられたせっかくの能力に磨きをかけるチャンスが失われてしまいます。子どもはもちろん大人も、描いたり作ったりする喜びを持ち続けたいものです。

　本書は、2017年の幼稚園教育要領、保育所保育指針、幼保連携型認定こども園教育・保育要領の改定に伴い、それらに込められた乳幼児期の教育・保育への考え方をもとに見直しを行いました。造形表現が、激しい変化の予想される社会を生きる子どもの心身の成長にとって、いかに大切な活動であるか。どんなにたくさんの発見の喜びと工夫の楽しさがあるか。感性を育て、創造性を培い、心と体に生きる力をつけていくことのできる体験であるかについて述べています。また、表現のための環境や指導・援助、小学校との接続・連携についてもより深く考えていただけるようにしました。さらに実践編には、たくさんの魅力的な活動例をあげています。

　保育を学ぶ人たちはもちろん、保育を実践している保育者や子どもの表現活動にかかわっている方々にも読んでいただき、造形表現を通して子どもたちの生きる力を育んでいただけるよう願っています。

2017年12月

編著者

## ●目　次●

# 第Ⅰ部　理論編—表現のことを知ろう

## 第1章　幼稚園・保育所・認定こども園における表現

### 第1節 ● 表現ってなんだろう？ ……………………………………… 13
　1——表現することと生きること　／13
　2——人間の本能としての表現　／14
　3——自己実現としての表現　／16
　4——コミュニケーションとしての表現　／17

### 第2節 ● 幼稚園教育要領、保育所保育指針、幼保連携型認定こども園教育・保育要領から考えよう ……………………………………… 19
　1——「幼児期の終わりまでに育ってほしい姿」と「資質・能力」　／19
　2——それぞれが示す領域表現の「ねらい」　／20

### 第3節 ● ねらいを理解しよう ……………………………………… 23
　1——乳児におけるねらい　／23
　2——1歳以上3歳未満児におけるねらい　／24
　3——自分なりに表現する力を養う　／25
　4——豊かな感性を育てる　／27
　5——イメージを豊かにする　／33
　6——創造性を培う　／34

### コラム：あっと驚いたスクラッチ！　／43

## 第2章　子どもの造形活動の発達と特徴

### 第1節 ● 幼児の造形活動の発達を考える ……………………………………… 45
　1——幼児の生活と造形活動　／45
　2——子どもの造形表現の特徴—見ることよりも触れること—　／46

### 第2節 ● 児童期以降の造形活動 ……………………………………… 48
　1——小学校低学年　／48
　2——小学校中学年　／49
　3——小学校高学年　／49
　4——中学生以降　／49

第3節 ● 絵を描く活動はどのように発達するか ……………… 50
　1――なぐり描き（スクリブル）―身体を使った大切な活動― ／50
　2――線表現・輪郭線―具体的な形が出るまえに― ／52
　3――形の出現 ／52
　4――名前をつける ／53
　5――イメージをもって絵を描く ／53
　6――獲得したイメージを表す二つの方法
　　　　　　　―マンダラと組み合わせ― ／54
　7――描きたいものを並べる ／55
　8――お話が出てくる ／56

第4節 ● 子どもの絵に特徴的な表現を見る ……………… 57
　1――頭足人と観面混合 ／57
　2――要素の区分的表現 ／59
　3――基底線表現 ／59
　4――転倒式構図―線から面への移行の始まり― ／60
　5――多視点構図と鳥瞰式構図 ／61
　6――積上遠近法 ／62
　7――レントゲン描法 ／63
　8――集中比例 ／64
　9――時間差描法 ／64
　10――同色塗りと平行遠近法 ／65

第5節 ● 子どもに特徴的な表現と芸術のつながり ……………… 66

第6節 ● 立体造形の発達を見る ……………… 67
　1――幼児期の「造形活動」 ／67
　2――造形活動の二つのタイプ ／67
　3――造形活動の展開 ／69
　4――造形活動の発達 ／71
　5――遊びの広がり―「マイナスの造形」の活動様式― ／74

コラム：子どもがもっとも成長するとき ／78

## 第3章　表現を育てる環境

第1節 ● 0、1、2歳児の造形環境 ……………… 79
　1――身体と環境―乳幼児は未熟― ／79
　2――おおむね0、1、2歳児の造形環境が育むもの ／80

第2節 ● 3歳児の造形環境 ……………… 82

1──おおむね3歳児の造形環境が育むもの　／82
　　　2──おおむね2～3歳児の描画環境　／83
　第3節 ● 4歳児の造形環境 ……………………………………………… 84
　　　1──おおむね3～4歳児の造形環境が育むもの　／84
　　　2──立体造形と描画環境　／85
　第4節 ● 5歳児の造形環境 ……………………………………………… 86
　　　1──おおむね4～5歳児の造形環境が育むもの　／86
　　　2──おおむね5～6歳児の造形環境が育むもの　／88
　コラム：エコロジーと造形　／89

## 第4章　表現を育てる保育者の指導・援助

　第1節 ● 0、1、2歳児の造形援助 …………………………………… 91
　　　1──おおむね0歳児の場合　／91
　　　2──おおむね0歳児と造形援助　／92
　　　3──おおむね1～2歳児の場合　／93
　第2節 ● 3、4、5歳児の造形援助 …………………………………… 96
　　　1──おおむね3～4歳児の場合　／96
　　　2──おおむね5歳児の場合　／99
　コラム：日本の美しさ　／101

## 第5章　幼児造形表現教育の広がり

　第1節 ● 小学校との接続と連携 ……………………………………… 103
　　　1──子どもの成長を支える接続　／103
　　　2──「表現」と「図画工作科」の接続　／104
　　　3──小学校との接続と連携　／107
　第2節 ● 美術館と保育現場の連携 …………………………………… 112
　　　1──幼児の美術鑑賞　／112
　　　2──幼児対象の鑑賞プログラム（大原美術館の事例）　／112
　　　3──幼児から大人まで対象の展覧会
　　　　　（北九州市立美術館の事例）　／113
　　　4──子どもを通して地域をつなぐ
　　　　　（神戸市立小磯記念美術館の事例）　／114
　　　5──その他の美術鑑賞　／115
　コラム：美術館に行ってみよう　／117

# 第Ⅱ部　実践編 －造形遊びの事例から学ぼう

造形遊びの事例の一覧　／120

### おおむね0歳児
- 事例1　「いない　いない　ばぁ」　／121
- 事例2　「おみず　ぴちゃぴちゃ　ぎゅ〜…」　／122
- 事例3　「つまんでポットン…」　／123
- 事例4　「ひっぱれ〜」　／124
- 事例5　「出したり入れたり転がしたり…」　／125

### おおむね1歳児
- 事例6　「寒天で遊ぼう！」　／126
- 事例7　「新聞紙で遊ぼう！」　／127
- 事例8　「アルミホイルをめくって遊ぼう！」　／128
- 事例9　「容器がいっぱい！」　／129
- 事例10　「ひっかけて遊ぼう！」　／130
- 事例11　「小麦粉粘土で遊ぼう！」　／131

### おおむね1〜2歳児
- 事例12　「ひもとおし」　／132

### おおむね2歳児
- 事例13　「絵の具グチュグチュ…」　／133
- 事例14　「床全体を使った構成遊び」　／134
- 事例15　「プレゼントをどうぞ！」　／135
- 事例16　「積み木と箱を組み合わせて」　／136
- 事例17　「トイレットペーパー粘土・1」　／137
- 事例18　「ハサミでチョキチョキ」　／138
- 事例19　「洗濯バサミを使って」　／139
- 事例20　「シュレッダーの紙がいっぱい！」　／140

### おおむね3歳児
- 事例21　「透明素材をつなげて」　／141
- 事例22　「シールで遊ぼう」　／142

事例23 「クリスマスツリー」／143
事例24 「ケーキをつくろう・1」／144
事例25 「ケーキをつくろう・2」／145
事例26 「小麦粉粘土でパン屋さん」／146
事例27 「スライムで飾ろう」／147
事例28 「きのこのおうち」／148
事例29 「バスで出発！」／149

おおむね4歳児

事例30 「トイレットペーパー粘土・2」／150
事例31 「カレンダーをつくろう」／151
事例32 「色紙遊び」／152
事例33 「リンゴの森へ行ってみよう！」／153
事例34 「パフェだいすき！」／154
事例35 「いろいろ虫の冒険」／155
事例36 「おかしやさん」／156
事例37 「傘さしてお出かけ」／157
事例38 「長い棒があったなら」／158

おおむね5歳児

事例39 「私のお家に遊びにおいで」／159
事例40 「切って、折ってなにができるかな？」／160
事例41 「おしゃれなくつやさん」／161
事例42 「オリジナル植木鉢―作ったものを生活に生かそう―」／162

おおむね5～6歳児

事例43 「絵本を読んで、絵を描こう―例『まじょのくに』―」／163
事例44 「土粘土遊び」／164
事例45 「経験したことを描いてみよう」／165
事例46 「絵本のなかに入ってみよう」／166
事例47 「自然物を使って表現してみよう」／167
事例48 「フィンガーペイント」／168

付　録　表現のための基本技法　／169
索　引　／175

# 第Ⅰ部　理論編

―表現のことを知ろう

# 第1章 幼稚園・保育所・認定こども園における表現

◆キーポイント◆

「表現」とは、人間にとってどういうことを意味するのだろうか。さらに、教育・保育の対象となる乳幼児にとっての表現とはなんだろうか。
　ここでは、幼稚園や保育所、幼保連携型認定こども園における「領域 表現」のなかの造形的な表現についての基本的な考え方や知識、また、保育者としてもってほしい視点について学ぶ。そして、表現することが楽しいことであることはもちろん、活動のプロセスが子どもの自我を育て、彼らの生きる力の基礎を育てていくことを知る。

## 第1節 ● 表現ってなんだろう？

### 1 ── 表現することと生きること

　　えのぐは黒が一番しぶい色だ
　　えのぐは赤があざやかな色だ
　　えのぐは青がすみきった色だ
　　えのぐは黄色がさわやかな色だ
　　えのぐはみんな個性があるものだ
　　　　　（川崎洋編『こどもの詩』[1]より　作者は当時、小学校6年の平野淳君）

　この詩の作者は、絵の具の一つひとつの色の特徴をみごとに言葉で表現している。きっと彼は、それぞれの色の持ち味を生かしながら、思いを込めて絵を描いていたのだろう。同時にこの詩は、保育や教育の本質をみごとに言い当てている。一人ひとりの子どもの違いや個性を認めて、それらを大事に育てようと教えてくれているようだ。表現においても同様のことがいえる。子どもの表現はみんな違う。とくに乳幼児期の表現には、それぞれの作品にその子ども独自の豊かな個性が表れる。子どもが、まず自分の表現が認められ、やがて他の子どもの表現も受け入れていくようになると、まさに冒頭の詩のような世界観が生まれてくる。この詩に表現されるような感性を育むことは平和教育にも通じると考えるが、小学校1年生では図画工作の時間が、1980年以降それまでの102単位から68単位に減っている（2、3年生において

は、すでに1961年より約2/3に減っている）。幼小の接続を考えると残念なことであるが、少なくとも保育・幼児教育においては、子どもたちに造形表現の機会をできるだけ用意したいものである。それらの活動を通して、子どもたち自身が、表現における答えは一つではなく、「子どもには、100のことばがある」（ローリス・マラグッツィ／レッジョ・エミリア・アプローチ）ことを自然に理解し、互いを尊重し合えるように導きたい。

　幼稚園教育要領には、「幼児期の教育は、生涯にわたる人格形成の基礎を培う」（第1章 総則）とある。また、保育所保育指針には、「保育所は、子どもが生涯にわたる人間形成にとって極めて重要な時期」（第1章 総則）を過ごす場であるとし、さらに、幼保連携型認定こども園教育・保育要領には、「乳幼児期の教育及び保育は、子どもの健全な心身の発達を図りつつ生涯にわたる人格形成の基礎を培う」（第1章 総則）とあり、幼児教育・保育の重要性を謳っている。その時期に子どもたちが、いろいろな方法で自分らしい表現を行いながら生活し、作品を通して自分自身を確認し、それによって彼らの存在や個性が尊重されることは、子どもにとって生きることそのものであるといえよう。

姉妹でもこんなに表現は違う（左：4歳、右：5歳）

## 2 ── 人間の本能としての表現

　人類最古の絵画といわれるものに、アルタミラ（スペイン）やラスコー（フランス）の壁画がある。これらは、今から約1万5千〜2万年前に描かれたといわれている。絵を描いた目的にはいろいろな説があるが、画材や道具も乏しく、照明もない暗い洞窟の壁に絵を描くのは、さぞかしたいへんな作

第1章●幼稚園・保育所・認定こども園における表現

アルタミラの洞窟壁画

スクリブルをする子ども（1歳5か月）

業だったことだろう。それでも私たちの祖先は、今日、世界遺産となるようなすばらしい壁画を描いた。

　その後も人間の「描くことやつくる（作る・造る・創る）こと」への情熱は絶えることなく、多くの絵画や彫刻、建築物、工芸品などが製作されてきた。それらは、信仰や思想、作家の内面の表現であったり、美の追究であったり、はたまた生活の創意工夫であったりと、その目的は多岐にわたる。しかし、どれもが人間の誇るべき創造の営みであることにはちがいない。そしてそれらの作品が、表現する人はもちろんのこと、鑑賞したり、実際に使用したりする人びとの心や生活を豊かにしてきた。

　さて、子どもはどうだろう。子どもの描画は、「なぐり描き」から始まる。子どもはあるとき、たまたま手にしたボールペンや鉛筆などを紙やテーブルの上で動かしてみると跡がつくのを発見する。彼らはそれがおもしろくてなぐり描きを続け、しだいに形が描けるようになると、絵で自分のイメージや思いを表現するようになっていく。だれかが教えるわけでもないのに、自然に絵という表現手段を身につけていくのである。

　このように見てくると、私たちの祖先も、目の前の子どもたちも、心のなかの「描きたい」「つくりたい」という欲求につき動かされて製作しているといえよう。言い換えれば、描いたり作ったりすることは、人間の本能的欲求に基づいているということである。同時にそれは、人間だけに与えられたすばらしい能力である。

　その能力を使って、子どもが自分の感情や考え、経験を表現し、自分だけのものを生み出す喜びを味わうことは、彼らの自我の発達という側面からも重要である。子どもは自分の成長や欲求に合った表現ができているときがもっとも楽しいし、幸せでもある。そして、自分で感じ、発見したことを表現することの喜びは、子どもにはかけがえのないものである。心のなかに潜んでいる自分だけの世界をなんとかして外に表そうとするプロセスにおいて、

子どもは工夫し、がんばり、集中する。そのとき、子どもの心は一つにまとまり、安定していく。表現する活動を通して、子どもの自我は鍛えられ、成長していくのである。

## 3 ── 自己実現としての表現

　私たちはどんなときでも、自分を表現しながら生活している。ここでは、それらの表現について、三つのことについて考えてみたい。
　①心（頭）のなかの感情や思考などを身体や言葉によって表す。
　　　──表情、身振り、行動、話すことなど
　②生活することのなかで自分らしさを表す。
　　　──服装、髪型、化粧、もち物、装飾品、家（部屋）の調度、ライフスタイルなど
　③心（頭）のなかの感情や思考などをさまざまな媒体によって表す。
　　　──絵画、造形、音楽、舞踏、文学、建築、発明・発見など
　①と②は、だれもが日常的に行っている表現である。だれ一人として同じ人がいないことは、その人の顔や姿はもちろんのこと、服装や髪型、態度、話し方などで一目瞭然。みんなが個性的に「自分」を表現しながら生きている。さまざまな表現が「その人らしさ」をかもし出し、それらが積み重ねられていくことで人は個性的な存在になっていく。
　③は、ここで話題にしようとしている造形的な表現にもっとも近いといえる。先に述べたようにずいぶん昔から、人びとは道具や材料を使って絵を描いたり、ものを作ったりしてきた。今に比べると、はるかに造形表現のための条件は十分ではなかったにもかかわらず、人は表現せずにはおられなかったのである。自分の心に湧き上がってくる感情や祈り、イメージを、自分を含めてだれもが目に見える形で表したいと願ったのだろう。芸術家と呼ばれる人たちは、絵画や音楽、文字などさまざまな媒体を使って表現力を高めていった人たちである。舞踏も、特別な訓練による身体表現といえよう。
　①〜③は、どれもが「わたしという存在」を実現するための表現といえよう。それぞれの表現に磨きをかけたり、修正したり、コントロールしたりすることによって、その人の個性的な「ひととなり」がつくられていくといえる。②についてはもちろんのこと、話すことにおいても未熟な乳幼児期には、描いたり作ったりする活動は、自分を表現するのにいちばんよい方法である。そして、それらが受け入れられることで表現することの喜びを知った子どもは、自分に自信と誇りをもって成長していくことができるだろう。

## 4 ── コミュニケーションとしての表現

　次にあげるのは、人と人とを結ぶ伝達手段としての表現である。大人はおもに言語や文字を使ってコミュニケーションをする。話す、手話をする、手紙を書く、電話をかける、メールを送る……などいろいろな方法がある。言葉が通じない外国の人とは、身振り手振りも大切なコミュニケーションの手段だ。

　それでは、乳幼児の場合はどうだろうか。赤ちゃんも6か月くらいになると、特定の養育者との関係が成立する。表情や態度、喃語などでコミュニケーションを積極的にとることができるようになる。ところが、言葉での伝達はまだ難しい。言語の基本は3歳頃に確立するが、語彙も少なく、表現力も未熟である。ましてや文字を使えるようになるのは、まだまだ先のことである。そんな子どもにとって恰好のコミュニケーションの手段として、描画や製作などがある。

　以前に、子どもたちに「お年寄り」についてのイメージを尋ねたことがある。言葉ではなかなかうまく表現できない子どもにも、それを絵にしてもらうと、生き生きしたお年寄りのイメージが現れてきた。絵に登場するお年寄りは子どもたちの身近な人たちだが、しわがあったり、白髪があったり、どこでどんなことを一緒にするかまで描いてくれる。1枚の絵のなかに、伝えたい情報がいっぱい詰まっているのである。

　文章で表現できない子どもにとって、絵は作文と同じようなものなのである。遠足に行ったときのこと、運動会のこと、水族館に行ったときのこと、クリスマス会のこと……と、幼稚園や保育所、認定こども園（以下、園と総称）での行事のあとに、しばしば子どもは絵を描く。これは、小学校などで、作文を書くようなものである。そして絵を描くことは、自分の経験したことや感動したことを表現することであるとともに、それを他人に伝えようとするコミュニケーションでもある。

　園では、ほとんどの子どもが喜んで絵を描く。人や動物、虫、怪獣、魚、花、家などたくさんのモチーフが出てくる。また、生活のなかでのさまざまな出来事がテーマになる。それらを絵に描きあげ

お年寄りの絵（ぼくのおじいちゃん）

ると、子どもたちは必ず「せんせい、できた！」と言って見せてくれる。あるいは、絵を描きながら、先生や友だちと話をする光景も見られる。5歳くらいになって、絵に物語が出てくると、「あのね、きのうね、おかあさんとね……」と、保育者に絵を見せながらお話が始まる。それは、できあがった絵を見てほしい、ほめてほしいというだけでなく、そこに込められたメッセージ、物語を聞いてほしいのである。

　無言で差し出す子どもの絵にも、彼らの思いが込められている。たとえば、いつも画用紙いっぱいに絵を描く子どもが、今日はすみっこに小さな絵を描いている。「どうしたんだろう」。子どもの心に寄り添おうとする保育者は、そのわけを探そうとするだろう。それが、子どもの「絵を読む」ことであり、表現のなかに彼らの声を聞こうとすることである。そのとき子どもの絵は、自分を表現するものであると同時に、他の人に自分の思いを伝えるための道具として大きな価値をもつといえよう。

　また、絵を描いている子どもに保育者が言葉をかけたり助言したりすると、描画時間が延びるという報告もある。親しい人とのコミュニケーションを通して、子どもの心のなかにあるイメージが引き出されたり、集中力が増したりするからであろう。友だちと一緒に製作をするときにも、互いに刺激を受け合ったり、アイデアを出し合ったりすることによって、活動が活発になる。子どもにとって、描いたり作ったりすることは、「芸術作品」の製作が目的ではない。活動のプロセスのなかでのいろいろな体験や作品を通しての自己表現はもちろん、他の人との心の交流にも大きな意味がある。

友だちと一緒に製作活動をする年長児

## 第2節 ● 幼稚園教育要領、保育所保育指針、幼保連携型認定こども園教育・保育要領から考えよう

### 1 ── 「幼児期の終わりまでに育ってほしい姿」と「資質・能力」

　幼稚園教育要領、保育所保育指針、幼保連携型認定こども園教育・保育要領（以下、教育・保育要領）は、小学校就学始期までに育ってほしい「資質・能力」として以下の10項目をあげている。それらは「生きる力」の基礎としての「知識及び技能の基礎」「思考力、判断力、表現力等の基礎」「学びに向かう力、人間性等」の具体的な姿であり、<u>各領域のねらい及び内容に基づく活動全体における指導を行う際に考慮するものとされている</u>（傍線は筆者）。

---

幼児期の終わりまでに育ってほしい姿
① 健康な心と体
② 自立心
③ 協同性
④ 道徳性・規範意識の芽生え
⑤ 社会生活との関わり
⑥ 思考力の芽生え
⑦ 自然との関わり・生命尊重
⑧ 数量や図形、標識や文字などへの関心・感覚
⑨ 言葉による伝え合い
⑩ 豊かな感性と表現

---

　このなかで、とくに領域「表現」と関係があるものについて考えてみよう。
**② 自立心**──このなかの「自分の力で行うために考えたり、工夫したりしながら、諦めずにやり遂げる」というところは、子どもが描いたり作ったりという造形表現をするうえでもっとも大切にしたいことである。このような活動を繰り返すことによって、子どもの自我は鍛えられ、自信をもって行動できるようになる。
**③ 協同性**──低年齢の子どもにおいては個別の活動が多いが、5、6歳ともなると協同して大きな作品に挑戦したり、プロジェクト活動を行ったりすることができるようになる。その際に必要なことは互いのイメージの擦り合わせであり、目標の実現に向かってともに「考えたり、工夫したり、協力したり」することである。

⑥ 思考力の芽生え──造形的な表現は、様々なものとの関わりで成り立つ。教材としての「物の性質」や道具の使い方などを体験的に学んだり、気付いたり、「考えたり、予想したり、工夫したり」しながら、それらを活動に生かしていく。また、友達の作品やその中に込められた思いや工夫を認めることは、一人一人の違いを認め、尊重していくことである。
⑧ 数量や図形、標識や文字などへの関心・感覚──子どもは、描いたり作ったりする活動の中で、いろいろな形を発見したり、組み合わせたり、作り出したりする。また、「いくつ」とか、「たくさん」「少し」などの数量についても作品に表現していく中で学んでいく。
⑩ 豊かな感性と表現──表現は、さまざまな感動体験がもとになり、そこから、感じることや考えることの大切さを知る。そして、子どもが自分の思いや感動を表現することの喜びを味わうなかで、表現への意欲が養われていく（感性についてはこの後に詳しく述べている）。

## 2 ── それぞれが示す領域表現の「ねらい」

　園における幼児教育・保育の基本的な考え方は、幼稚園教育要領と保育所保育指針、教育・保育要領に示されている。そこにある「ねらい」は、園において生きる力の基礎となる資質・能力を乳幼児の生活する姿からとらえたものとして示している。園では、これらの「ねらい」をもとにして、長期・短期の保育目標をもって毎日の保育を行うことが大切である。指導計画については、子どもの年齢に適したものであることはもちろん、一人一人の発達や生活経験などを考慮して作成しなければならない。また、それらが家庭や地域とも共有されるよう努めることが求められている。

　領域「表現」については、幼稚園教育要領では、第2章「ねらい及び内容」のなかに「感性と表現に関する領域」としてまとめられている。また、保育所保育指針では、第2章「保育の内容」のなかに、教育・保育要領では、第2章「ねらい及び内容並びに配慮事項」に表現に関することが記されている。ねらいについては、以下の通りである。

●幼稚園教育要領

> 第2章 ねらい及び内容　表現
> 　「感じたことや考えたことを自分なりに表現することを通して、豊かな感性や表現する力を養い、創造性を豊かにする。」

> ねらい
> （1）いろいろなものの美しさなどに対する豊かな感性をもつ。
> （2）感じたことや考えたことを自分なりに表現して楽しむ。
> （3）生活の中でイメージを豊かにし、様々な表現を楽しむ。

● 保育所保育指針

> 第2章　保育の内容
> 1　乳児保育に関わるねらい及び内容
> **身近なものと関わり感性が育つ**
> 　身近な環境に興味や好奇心をもって関わり、感じたことや考えたことを表現する力の基盤を培う。
> **ねらい**
> ①身の回りのものに親しみ、様々なものに興味や関心をもつ。
> ②見る、触れる、探索するなど、身近な環境に自分から関わろうとする。
> ③身体の諸感覚による認識が豊かになり、表情や手足、体の動き等で表現する。
>
> 2　1歳以上3歳未満児の保育に関わるねらい及び内容
> **表現**
> 　感じたことや考えたことを自分なりに表現することを通して、豊かな感性や表現する力を養い、創造性を豊かにする。
> **ねらい**
> ① 身体の諸感覚の経験を豊かにし、様々な感覚を味わう。
> ② 感じたことや考えたことなどを自分なりに表現しようとする。
> ③ 生活や遊びの様々な体験を通して、イメージや感性が豊かになる。
>
> 3　3歳以上の保育に関するねらい及び内容
> **表現**
> 　感じたことや考えたことを自分なりに表現することを通して、豊かな感性や表現する力を養い、創造性を豊かにする。
> **ねらい**
> ① いろいろなものの美しさなどに対する豊かな感性をもつ。
> ② 感じたことや考えたことを自分なりに表現して楽しむ。
> ③ 生活の中でイメージを豊かにし、様々な表現を楽しむ。

●幼保連携型認定こども園教育・保育要領

第2章　ねらい及び内容並びに配慮事項
第1　乳児期の園児の保育に関するねらい及び内容
　身近なものと関わり感性が育つ
　　　身近な環境に興味や好奇心をもって関わり、感じたことや考えたことを表現する力の基盤を培う。
　ねらい
　（1）身の回りのものに親しみ、様々なものに興味や関心をもつ。
　（2）見る、触れる、探索するなど、身近な環境に自分から関わろうとする。
　（3）身体の諸感覚による認識が豊かになり、表情や手足、体の動き等で表現する。

第2　満1歳以上3歳未満の園児の保育に関するねらい及び内容
　表現
　　　感じたことや考えたことを自分なりに表現することを通して、豊かな感性や表現する力を養い、創造性を豊かにする。
　ねらい
　（1）身体の諸感覚の経験を豊かにし、様々な感覚を味わう。
　（2）感じたことや考えたことなどを自分なりに表現しようとする。
　（3）生活や遊びの様々な体験を通して、イメージや感性が豊かになる。

第3　満3歳以上の園児の教育及び保育に関するねらい及び内容
　表現
　　　感じたことや考えたことを自分なりに表現することを通して、豊かな感性や表現する力を養い、創造性を豊かにする。
　ねらい
　（1）いろいろなものの美しさなどに対する豊かな感性をもつ。
　（2）感じたことや考えたことを自分なりに表現して楽しむ。
　（3）生活の中でイメージを豊かにし、様々な表現を楽しむ。

## 第3節 ● ねらいを理解しよう

　造形的な表現活動では、保育者側からの技術的なねらいの方が立てやすく、それに到達させることが指導の目的になりがちである。しかし、指針や要領等の「ねらい」は、子どもの生活する姿から、教育や保育、養護における豊かな体験を通じて幼児期の終わりまでに育ってほしい資質・能力をとらえたものである。保育・教育の現場では、ねらい及び内容に基づいて、遊びや活動を生み出す教材や環境の工夫をすることが望まれる。また、表現といっても単に音楽的・造形的な内容についてばかりではない。体を動かすこと、話すこと、人とかかわることなど、私たちはさまざまな表現をしながら生活している。このように、表現の領域は単独で成り立っているのではなく、他の領域と相互に関連をもちながら子どもの全体的な発達をめざしているのである。

　幼稚園教育要領や保育所保育指針、教育・保育要領の表現を考えるについて、乳児、1歳以上3歳未満児、そして、3歳以上の子どもに共通するねらいとして以下の6項目を取り上げ、それぞれについて見ていこう。各年齢におけるねらいは、連続性をもちつつ、それぞれの教育・保育期間の終了まで発展していくものである。

　　1——乳児におけるねらい
　　2——1歳以上3歳未満児におけるねらい
　　3——自分なりに表現する力を養う
　　4——豊かな感性を育てる
　　5——イメージを豊かにする
　　6——創造性を培う

### 1 —— 乳児におけるねらい

　子どもは、身の回りのさまざまなものに興味や関心をもつ。何しろ、子どもの周りは初めて見るもの、聴くもの、触れるものに満ちているのだから。彼らは、自発的な探索活動を通してそれらにかかわっていく。眺めたり、口に入れたり、触ったり、つかんだり、つまんだり、たたいたり、引っ張ったり、投げたり……と、自分の体や五感を使っていろいろな「もの」について、みずからのやり方で知ろうとする。

引き出しのなかを探索中（9か月）

「これ、なんだろう？」（11か月）

　保育者は、そのような子どもの興味や関心、好奇心を理解し、安全な環境のなかで安心して探索活動が行えるように配慮しなければならない。おもちゃ等も子どもの発達に適したものを用意したり、保育者が手作りしたりして子どもが興味や関心をもつものを与えたい。また、外遊びや散歩で自然環境に触れ、それらとじっくりかかわることも大切である。日常的に行われるそのような生活や遊びを通して、子どもの探索活動への欲求が満たされることで、彼らは自分と世界の関わりに自信をもつことができるようになる。また、保育者との信頼関係に基づく暖かな交流や応答のなかで、子どもの感覚は豊かになり、手・指・足などの動きによる多様な表現が行われるようになる。

## 2 ── 1歳以上3歳未満児におけるねらい

　歩行の開始に始まり、歩く、走る、跳ぶなどの基本的な運動機能が発達していく時期である。基本的な生活習慣が身につくようになることや言葉の獲得とそれによる表現が可能になることによって、子どもは心身ともに自立していく。子どもが自分の体を思うように動かせるようになると生活範囲が広がり、遊びや活動も活発で豊かになる。また、言葉による意思の伝達やコミュニケーションの力が発達してくると、他人と思いや考えをやりとりできるようになる。それによって、子どもはいろいろなイメージを心のなかに蓄積できるようになり、それを表現したいという欲求が生まれてくる。スクリブルに始まる描画によって表現したり、身近なものを何かに見立てて遊んだり、砂や粘土、紙類などの素材を使ってイメージを形に表したりできるよう

# 第1章 幼稚園・保育所・認定こども園における表現

になる。保育者は、子どもにとって扱いやすく、魅力的な教材や道具を準備し、彼らが自分のイメージをものとかかわりながら表現してくことを楽しめるように環境を構成するようにしたい。子どもが自分の思いやイメージを表現することは、自分自身を確認していく活動であり、そのことが信頼する保育者によって関心をもたれ認められることは、子どもの自尊感情を育て、創造的に生きようとする意欲を高める。

シャボン玉で遊ぶ（1歳）

## 3 ── 自分なりに表現する力を養う

### （1）自分なりに表現する

　表現においては、子どもが自分の発想や思いなどを、自分の力で自分らしく表現することが大切である。他人から指示を受けたり、ある価値基準に照らし合わせた評価をしたりされたりしないということである。たとえば、手本通りに表現すれば見栄えのいい作品ができるかもしれないが、子どもの発想や自発性を無視することになってしまう。自己表現としての作品は、自分の心のなかにあるものを外に向かって表すことだから、その子ども自身の表現でなければ意味がない。

　ある秋の幼稚園の保育室には、子どもたちの「落ち葉」の絵が壁面を飾っていた。「すてきだな」と思いながら順に見ていくと、全員がほぼ同じ絵である。整ってきれいに見える作品は、先生や保護者を満足させるかもしれない。けれども、子どもにとっての表現活動は、結果よりプロセスである。絵を描いたり製作をしたりする過程で、子どもが楽しんだり、工夫したり、力いっぱい取り組んだり、仲間と協力し合ったり、おもしろい発見があったりすることが大事である。そんな活動を終えたときには、子どもの心は充実感や満足感でいっぱいである。その経験の積み重ねが、子どもの精神の発達に大きな意味をもつのである。

### （2）表現する力を養う

　子どもはたいていの場合、描いたり作ったりすることを自然に楽しむ。ところが、心身の調子が悪かったり、自信をなくしていたりすると造形活動をする元気もやる気も湧いてこない。あるいは、なにか原因があって表現する

ことに抵抗を示す子どももいる。本来どの子どももっている「自分なりの表現」が、のびのびとできるように力をつけてあげることが大切である。

年長児のA男は、どんな遊びにも積極的であり、リーダーシップもとれる活動的な子どもだ。ところが、幼稚園でまったく絵を描かない。保育者がつきっきりで援助をしても、なかなかうまくいかない。あるとき、母親と話をしていると、その原因が分かってきた。どうやらA男は、家で兄と姉に自分の絵をからかわれ、プライドが傷ついていたようである。保育者はそのことを理解し細やかな援助を行ううちに、しだいにA男も自信を取り戻し、絵を描くようになった。

日々の遊びのなかで子どもの自発性が発揮されるには、健康、情緒の安定、保育者との信頼関係などが必要である。保育者は子どもの様子や活動を観察しながら、彼らの表現する力や能力、意欲をより一層伸ばしていくことができるように援助したいものだ。造形活動においては、子どもたちの表現を認め、むやみにほめるだけでなく、きちんと評価してあげることが大切である。そんな保育者の温かいまなざしのもとで、表現しようとする意欲は励まされ、自信をつけていく。そして、自分なりの表現とそれを行う力を獲得すること

運動会の旗（3歳児）

運動会の旗（4歳児）

運動会の旗（5歳児）

ができるのである。ところが、いつでも子どもの表現を尊重さえしていればいいというわけではない。たとえば、

　①いつも同じような絵を描いたり、製作をしたりしている子ども
　②毎日同じ遊びを繰り返している子ども

　このような子どもたちには、やはり保育者の援助が必要になる。①のように子どもの表現がマンネリ化したり停滞したりしているときには、彼らが生き生きした表現を取り戻せるようにしなければならない。子どもが興味を示すような技法を紹介したり、心を解放して思いっきり活動できるような造形遊びを取り入れたりすることもよい。②の場合は、子どもがある程度納得できるまで遊ぶことができたら、その遊びがさらに深まるように助言したり、新しい遊びと出会ったりするように指導することが望ましい。

　乳幼児期は人生のなかでもっとも自発性が発達し、学ぼうとする意欲に満ちあふれた時期といえよう。子どもたちは描きたい・作りたい・遊びたい……という強い欲求をもっている。子どもはそれぞれの発達や成長、欲求に沿って自分らしく表現しようとし、それができているときがいちばん楽しい。描いたり作ったりする造形遊びを通して、自分らしい表現をする力を養うことは、子どもたちが個性をもった存在として生きていくために必要である。それは、人格の基礎をつくり、生きる力を養うことでもあるからである。

## 4 ── 豊かな感性を育てる

### （1）感性ってなんだろう？

　感性についてはいろいろな定義がされているが、ここでは「外界の刺激について感覚器官を通して感知し、判断する能力」としよう。私たちの感覚器官を通して脳にインプットされる情報にはさまざまなものがある。暖かい冷たいなどの皮膚感覚をはじめ、眼・耳・鼻・口から入る多くの情報、さらには善・悪などを感じる心もある。私たちの脳は、それらの刺激や情報をただ感じるだけでなく、判断したり評価したり価値を見いだしたりする。たとえば、次のようなことである。

・バラの香りはとてもいい匂いだ。
・気温が低いので厚い上着を着よう。
・ケーキは甘いから好きじゃない。
・この絵は美しくて、これまでにない感動を覚える。
・この音楽はメロディーが優しいので、人びとの心を癒してくれるだろう。
・戦争はたくさんの人が傷つくからあってはならない。

このように感性は、五感や精神が受容したものについて、好き嫌いなどの感情をもったり、価値を認めたり、意味を発見したり、判断・評価したりする能力である。感性は人間の精神活動においてたいへん重要な役割を担っており、人は自分の感性を用いて、具体的な「もの」や「こと」と主体的にかかわりながら生きている。日常生活や学問、運動、芸術、人間関係などあらゆる場面で感性は必要であり、その精神活動によって、私たちの生活がたいへん豊かなものになりうる可能性をもっている。

　感性の入り口は、五感である。現代の大人は視覚中心の生活をしているが、乳幼児期の子どもは視覚以外の感覚器官も敏感であり、そこからいろいろな情報を得ている。触ったり、なめたり、聴いたり、匂いをかいだり、味わったり、見たりして、子どもたちは自分の生活する世界を認識しようとしている。この時期に、子どもたちが五感をしっかり使って、自分の力で情報をキャッチし、感じたり、考えたり、感動したりすることが大切である。五感を磨くことは、感性を育てることの基礎なのである。

　感性が育つということはその子ども自身を生かすことであると同時に、仲間との人間関係を育て、他の人や社会を豊かにすることでもある。そこに、教育や保育のなかでの感性教育の大きな目的がある。

### （2）　保育のなかで感性を育てる

#### ①感覚を通して知る

　乳児は、感覚を通して世界を体験する。五感を通して身の回りにあるものと出会い、その印象を集めていくのである。乳児はなめたり、触ったりして対象を確かめたり、違いを感じ分けようとする。保育者の語りかけや歌声にも一生懸命耳を傾ける。太陽の暖かさ、水のほどよい冷たさ、小麦粉粘土の気持ちよさなども、子どもは全身で感じようとする。そのようにして集めたさまざまな印象が、その後の感性や知性などのもとになっていく。

　子どもが心ゆくまで対象とかかわることができるように、環境の安全に気を配り、ゆったりした時間を過ごすことができるように心がけ、五感を使う感覚遊びや感触遊びなども取り入れよう。また、感覚で感じたことと言葉や認識が結びつくことによって、漠然とした印象が整理され、洗練されていく。

#### ②感情を豊かにする

　子どもはおよそ生後2歳頃までに、怒りや恐れ、愛情、喜び、嫉妬などの基本的な感情が分化する。さらに、友だちが泣いていると慰めたり、かわいそうな話を聞くと涙ぐんだり、仲間と喜び合ったりするようになる。このような共感や同情は、社会性の発達とともに育っていくより高度な感情であり、

芸術の起源も共感性にあると言われる。それらの感情のベースには、自分以外の人への能動的な愛情の発達がある。これは、人間が他の人びとと生きていくうえで必ず必要とされる感性を育む基礎となる。感性は、自分自身の心の豊かさのためだけにではなく、人びとと共存していくためにも重要である。

　子どもの感性は、感情と結びついている。そこで、さまざまな経験によって心が揺り動かされ、それに伴って感情が発現するときに、表現への欲求や意欲が生まれてくる。表現への思いが湧き起こってくる源では、感情が動いているのである。早くから感情を抑えたり、コントロールしたりすることを教え過ぎないようにしよう。むしろ、子どもが感情を自然に表し、彼ら自身がそれを体験しながら感性を育てられるように助けたい。

③**本物をじっくり体験する**

　現代はテレビやビデオ、インターネットなどのメディアの普及によって、いろいろな知識や情報を得ることができる。このような環境のなかで大人になると、情報収集の多くが視覚を通して行われることになり、その他の感覚が衰退するのではないかと心配になる。

　「子どもが最初に出会うものは、できるだけ本物がよい」とは、ある児童文学者の言葉であるが、大賛成である。テレビや図鑑で見ただけで「ほんとうに知っている」とはいいがたい。虫や動物、草花、食べ物、風や雨、水や土など子どもの身近にあるものとじっくり出会い、体験してほしい。じっくり体験する方法は、以下のようなことである。

- ・じっと観る　・くんくん匂いをかぐ　・よく味わって食べる、飲む
- ・手で触る　・一緒に遊ぶ　・耳を澄まして聴く

散歩の途中で……

じつに簡単な方法ばかりである。そして、子どもにとっては、ごく自然なことばかりである。たとえば、小さな子どもの散歩は歩くことだけでなく、この「じっくり体験する」ことがほとんどを占めるといってもいい。石ころや葉っぱを拾ったり、アリの行列に見入ったり、花の匂いをかいだり、工事現場の様子を見たり……。だから、時間がかかる。
　さて、そんな子どもに、保育者はどのような援助をしたらよいのだろうか。以下にあげよう。

- 年齢が小さいほど、子どもの時間はゆっくり流れることを知る。
- 子どものペースにつき合い、一緒に"じっくり体験"する。
- 子どもがいろいろな事物に興味や関心をもつことができるように助ける。
　　例：この花いい匂いよ。匂いをかいでごらん
　　　　今日は空が青いね。あっ、あそこにフワフワの雲があるよ
- 子どもが興味や関心をもった事物への認識や知識を深めるようにする。
　　例：（粘土を）丸めたり、たたいたり、積み上げたり、のばしたりするとどうなるかな
　　　　（絵の具の）青と赤が混じったら、どんな色になるかな

　こんなふうに保育者が援助することによって、子どもの世界は広がったり、深まったりする。子どもが目の前の「もの」とていねいにかかわっていくことは、彼らが世界をじっくり味わうことであり、そこから感性を育てていくことでもある。

### ④感動体験をする

　先に述べた「本物」とは、「実物」という意味だけではない。子どもの心が感動する、心が揺れ動くということも含んでいる。「本物との出会い」は、保育者が意図的に出会わせるものもあれば、子どもが主体的に出会っていくものもある。前者についていえば、その出会いを用意する保育者の個性や感性がベースになる。造形表現や絵本、お話、歌、リズム表現、劇遊び、その他のさまざまな保育内容、それぞれの園の保育室の環境などに、保育者の個性や感性がかかわっている。これらを通して、子どもは多くの価値あるものと出会い、それらを体験することができる。子どもの自発的な遊びだけでは経験できない感動がそこに生まれる。
　後者の多くは、子どもの遊びのなかにあるといえよう。子ども主体の遊びは、だれかに強いられたり、指示されたりして行うものではない。遊びに必要なことを教わることはあっても、本質的にそれは自発的な行為である。彼らが遊んでいるときの顔は笑顔だったり、真剣な眼差しだったりする。仲間

と歓声をあげながらの遊びもあれば、ひとりで黙々と遊ぶこともある。そしてどんなときにも、遊んでいる子どもの目は輝いており、体も生き生きとしている。子どもが好きなこと、楽しいこと、おもしろいことをしているときの表情や様子である。

このような遊びのなかに子どもが心を揺り動かされる経験がたくさんある。「おもしろいなー」「おかしいなー」「すごいなー」「ふしぎだな」はもちろんのこと、「ちょっとむずかしいぞ」「これはなんだろう」「こうやってみたらどうだろう」「ちょっと気持ちわるい」

大きなおいもを掘ったよ！

「これはきらいだ」など、感動の体験は多岐にわたっている。ここにはさまざまな感動や感情の動き、疑問、思考などがある。子どもの精神はあらゆる領域を駆使して喜び、楽しみ、考え、葛藤し、探究する。このような経験が子どもの感性を磨いていくのである。

さまざまな感動は感性を働かせる源泉となると同時に、表現する意欲につながっていく。子どもが意欲的に絵を描いたり製作をしたりするのは、画用紙やパス、ハサミなどの材料があるからだけではない。また、保育者が「○○の絵を描きましょう」と言っても、必ずしも子どもが楽しんで絵を描けるわけでもない。生き生きした表現が可能になるのは、子どもの心のなかの感動と、それによって生み出されるエネルギーがあるからである。それは、子どもが心身を躍動させる遊びや活動から生まれてくるといえよう。

⑤「自然」と遊ぶ

自然といってもいろいろある。森や山、川、海岸……などの「大きな自然」といえる環境はもちろんのこと、幼稚園や保育所のなかにある「小さな自然」もあれば、散歩に出かけて出会う「ご近所の自然」もある。彼らは、それらの自然が好きだ。土に触り、葉っぱや石ころを拾い、虫を追いかけ、花を摘み、水と遊び、太陽の光や風と戯れる。自然は、五感を全開にし、体をいっぱいに使って遊ぶ子どもをおおらかに受けとめ、こころゆくまで遊ばせてくれる。自然のなかでの遊びを通して、子どもも保育者も表現に必要なエネルギーと感動を蓄え、表現のための素材やヒントを得ることができるだろう。

また、自然は、私たちが生きることの真実も教えてくれる。動植物の成長や生命の営みもその一つである。5歳児が園舎の裏で遊んでいたとき、そこにいくつかのクモの巣を発見した。そのなかの一つにはチョウチョがひっか

落ちている木の実、葉、石などで遊ぶ（なぜか、白菜もまじっている）

かっていた。「あっ、クモがチョウチョを食べている」と、一人の子どもが叫ぶ。その声を聞きつけた子どもたちも、じっと目をこらしてそれを見つめる。このような出来事も、彼らに「生きる」ということへの感性を育ててくれるかけがえのない経験となる。

**⑥探究心を育てる**

　乳幼児期は、もっとも自発的に学ぼうとする意欲にあふれている。興味や関心をもった遊びには長時間でも集中して取り組むことができるし、次から次へと飽くことなく活動する。いろいろなものに触れてみたい、いろいろなことを知りたい、疑問を解決したい、納得するまでやってみたい、何度でも繰り返して確認したい、失敗してもまた挑戦したい……そんな探究心に満ちているのである。

　花が大好きな3歳の女の子は、入園祝いにもらった花束に夢中だ。あちこちから眺めたり、匂いをかいだり、触ったりして大喜びである。ついには懐中電灯をもち出してきて、花のなか（おしべやめしべなどの構造）まで観察し始める始末である。その後、彼女の絵のなかに、花束探求の経験が生かされていったことはいうまでもない。

　また、製作が大好きな年長クラスの男の子は、ある日幼稚園に来て、「はしご車」を作るという。本物のはしご車のような構造にしたいらしく、そのためにはどんな材料がいいか、どうしたら動くようにできるかなど、一生懸命に考え工夫し、長い時間をかけて製作に取り組んでいた。

　感性の一つの側面には、日常生活のなかでいろいろなことに興味や関心をもち、そこから問題や課題を見いだすということがある。そして、その問題や課題に対して自発的に探究する意欲や態度をもってのぞむことが大切であ

る。みずからの課題に情熱をもって、根気強く取り組むプロセスのなかで、子どもの感性はいっそう磨かれていく。

⑦友だちと遊び、活動する

　どんなものが好きか、どんなことに感動するか、どんな感じ方や考え方をするかについては、一人ひとり違う。どんなことに疑問をもつか、どんなことが嫌いかもそれぞれ違う。つまり、感性は個性的なのである。個性的であることはいいことなのだが、さらに他人の感じ方や考え方に触れることで、「目から鱗が落ちる」経験も大事だ。友だちや他の人びととのかかわりが、感性の幅を広げるのに有効な理由はそこにあるといえよう。

　年長児ともなれば、仲間とイメージを共有できるようになる。そうすると、役割を決めてごっこ遊びをしたり、同じテーマで共同製作に取り組んだり、一つの課題について話し合ったりすることができるようになる。そのような活動のプロセスでは、友だちのいろいろな感性に出会うことができる。意見がぶつかり合うこともあるが、それを解決する経験も必要である。このように一緒に活動することを通して、友だちの視点を取り入れ、自分の感性を磨いていくことができるのである。

　さらに、活動後の話し合いも大切である。自分の造形活動について話すことは、絵画や製作を媒介にしたコミュニケーションであり、言葉での表現でもある。また、他の子どもからいろいろな評価を受けることも、自分の作品について新たな視点を得ることになるだろう。一方、他の子どもの作品を見たり活動の話を聞いたりすることは、仲間から刺激を受けたり、作品について自分の感じたことや考えたことを伝える機会にもなる。

## 5 ── イメージを豊かにする

　イメージという言葉は、いろいろなものを意味している。
- 具体的なもののイメージ……食べ物、乗り物、洋服など
- 自然や世界のイメージ……山、海、空、宇宙、他の国や人びとなど
- 人のイメージ……人への印象や感想など
- 社会や人間関係のイメージ……規則、習慣など
- 自分に対するイメージ……自分の身体や性格など
- その他のイメージ……想像によるものなど

　こうしてみると、私たちが心の内容として意識しているものすべてが、イメージということができよう。私たちは日々の生活のなかで、生まれたときからさまざまな「もの」や「こと」へのイメージをもち、蓄えていくのであ

る。そのイメージは、主観的といえる。たとえば、犬のイメージ。頭に描く犬の像は一人ひとり違うし、「かわいい」「こわい」など、その印象も異なる。

　表現においても、その素材となるイメージは大切である。蓄えられているイメージが、活動や作品に表れてくるからである。幼稚園教育要領等における表現の「ねらい」では、「生活の中でイメージを豊かにし」と述べている。日々の生活や保育のなかで子どもが経験することが、イメージとして心のなかに蓄積されていくことの大切さを強調しているのである。家庭生活はもちろん、幼稚園や保育所で経験することは、小さな子どもにとってその多くが新鮮な経験の連続であろう。それらはさまざまな印象や感動を伴って、彼らの心のなかに蓄えられていく。

　とくに乳幼児の場合、五感を通してイメージを得る。いろいろなものを見たり、触ったり、味わったり、匂いをかいだり、聞いたりすることがイメージ獲得の入り口になる。また、保育者の語る言葉も影響する。キンモクセイの匂いをかいで「いい匂いだね」と保育者が語りかけるとき、それがその花のイメージに加えられる。そして子どもは、蓄積したイメージを呼びおこしたり、組み合わせたりしながら、自分らしい表現へと発展させていくのである。

## 6 ── 創造性を培う

### (1) 造形表現と創造性

　学校教育におけるICT（情報通信技術）の活用化が進展し、AI（人工知能）が登場するなかで、21世紀子どもたちは、変化の激しい社会を生き、担っていくことになる。そのようななかで、みずから新たな課題や問題を発見したり、大量の情報を取捨選択し新しい価値を生み出したり、自分の手を使って「もの」を作り出したりする創造性は、ますます人々に求められるようになるだろう。さらにリアルな対人関係に必要なコミュニケーション力も重要になるので、これも創造性の一つとして考えたい。

　心理学者のヴィゴツキー（Vygotsky, L.S.）[*1]は、私たちの脳には「再生的な活動」と「複合的な活動」があると述べる。前者は、記憶された心的体験や目の前にあるもの、以前に修得したものを再現することである。一方、後者は創造する活動であり、「過去経験の要素から新しい状況や新しい行動を複合化し、創造的につくりかえ、新たに生み出す」ことである。このような人間の創造的な活動が、私たちを未来に向かわせ、世界を変化させてきたのである。

*1　レフ・セミョノヴィチ・ヴィゴツキー（1896－1934年）は旧ソビエト連邦の心理学者。障がい児の心理や教育に携わり、38歳で夭折するまでの10年間に、注意、記憶、象徴作用、言語、思考などの高次精神機能の発達について独創的な研究を行い、発達心理学をはじめとする幅広い分野について数多くの実験的・理論的研究を行った。

子どもは、砂から山や川、おだんご、プリンなどいろいろなものを作るし、粘土の塊から人や動物、ごちそうも作る。また、大人には価値のないあき箱やあき缶、プラスチック容器などの廃材を組み合わせたり、くっつけたり、色を塗ったり、紙を貼ったり、穴を空けたりして飛行機やロボット、動物を誕生させる。画用紙には、おかあさんの顔が表情豊かに描かれ、未来の乗り物や都市が夢いっぱいに表現される。このように、子どもは描いたり作ったりする活動を通して、自分のなかの感動や思い、イメージに形を与え、ただ一つのものとしてこの世に生み出そうとする。このような造形活動は、まさしく創造的な活動である。

砂場遊び

一方、マスロー（Maslow, A.H.）[*2]は、創造性について「特別才能の創造性」と「自己実現の創造性」の二つをあげている。後者は、すばらしい発明や発見、芸術といったものだけでなく、よりパーソナリティと関係があり、日常生活のなかで物事を創造的に行おうとすることである。自分の成熟と個性化を実現するプロセスといってもいいだろう。あるいは、「生きる力」を培うことと言い換えることもできるだろう。私たちは、自分の心や体、能力を使ってよりよく生きていこうとする本能的な力をもっている。造形活動はまさに、自分自身を世界にたった一つの作品に託して表現することだから、自己実現のための活動——創造活動そのものなのである。とくに子どもは、人の評価を気にせず、自発的に、自由に、楽しみながら自分のやり方で描いたり作ったりして表現しようとするが、これはまさに自己実現の創造性の本質といえるだろう。

## （2）創造性の要素

知能テストの答えはたった一つである。1＋1の答えは2しかない。ところが、創造性を測るテストには答えが無限にある。S－A創造性検査[*3]の絵画式のものは、不完全な意味のない形から絵を完成させたり、問題の解決方法を絵で描いて答えるものなどである。答えが無限にあるこの検査では、「思考の速さ」「思考の広さ」「思考の独自さ」「思考の深さ」を中心に創造性を測定する。つまり、次々にアイディアが浮かんだり、いろいろな発想ができたり、人が考えないようなこと思いついたり、丁寧に表現したりできると高い得点を得ることができるのである。一般的に、子どもたちは知能テスト

[*2] アブラハム・マスロー（1908－1970年）はアメリカ合衆国の心理学者。彼は人間性心理学のもっとも重要な生みの親とされている。これは精神病理の理解を目的とする精神分析と、人間と動物を区別しない行動主義心理学の間の、いわゆる「第三の勢力」として、心の健康についての心理学をめざすもので、人間の自己実現を研究するものである。自己実現、創造性、価値、美、至高経験、倫理など、従来の心理学が避けてきた、より人間的なものの研究に道を開いた。

[*3] S－A創造性検査P版は、原案：E.P.トーランス、編著：創造性心理研究会によって作成されたものであり、非言語式（絵画式）の検査である。絵画式は小学校1年生からの適用になるが、筆者はこれを幼稚園年長児に用いて調査を行った。

や学力テストで評価されることが多いが、この検査を実施すると、それらでは測ることのできないすばらしい能力を子どもたちがもっていることがわかる。子どもを多面的に理解するためにも、保育者は、創造性という視点を取り入れてほしい。

　筆者はかつて年長児約500名に5年間にわたりこの検査を行ったことがあるが、テストとは思えないほど子どもたちは楽しんで取り組んでいた。物語的要素の強い検査項目では、すっかり自分の想像力の生み出した世界に入り込んでしまって、小さな笑い声さえ聞こえるほど子どもたちは夢中になっていた。検査用紙には、一人ひとりの個性的な表現や答えが描かれ、それらを見ることは、検査する者にとっても楽しいことである。まさに、「子どもたちの100の言葉」との出会いであった。

　また、この創造性検査で毎年高得点をあげた幼稚園では、毎日、製作や描画、積み木、ブロック、ごっこ遊び、絵本などから、自分で自由に選んだ活動を個人や仲間と行っていた（特に造形表現は大切にされていた）。マスローの言うように、自分らしい創造性を発揮しながら日々の生活を営むことが、創造性を培うことにおいて大切だということであろう。

## （3）創造性に大切な態度や力

### ①持続力・集中力

　自分で課題や問題を見いだし、その解決に向かって意識的に取り組むことは、創造的な態度の根本である。創造活動には、途中であきらめたり投げ出したりせず、最後までやり抜く力が必要だからである。現代はあらゆるものを便利に手早く手に入れることができるし、ICTの浸透により、ますます「速く正確に」処理することが可能になったが、自分独自の新しいものを生み出す創造活動は時間とエネルギーを要する。子どもが描いたり作ったりする造形活動を通して、これらの態度や力を育てたい。

### ②好奇心

　子どもは本来、好奇心に満ちあふれている。なんでも見てみたい、触ってみたい、食べてみたい、教えてもらいたい……等々。幼児期は、自発的に学ぼう、知ろうとする気持ちがもっとも旺盛であり、そのような好奇心や意欲は、創造的な活動の原動力といえる。保育者は、子どもが好奇心をもつような環境を準備するとともに、彼らが興味や関心を抱いた活動が発展していけるよう援助や指導を行うことが大切である。

### ③想像力

　想像力は創造性の母体である。芸術はもちろんのこと、科学的な活動にお

線の遊び（絡み合った線のなかに形を見つける／大学生）

いても合理的な思考だけでは不十分であり、インスピレーションや想像力が必要とされる。なぜなら想像力は、直接の事実、目の前の現実を超えることのできる能力、見ることのできない世界を見させてくれる能力だからである。

　子どもたちはみな想像力をもっている。知識や現実的な認識が未熟な分、それを想像力で補おうとするため、子ども特有のユニークな思考や発想が生まれるからである。また、空想の世界にたやすく入っていくこともできる。絵本やお話、ごっこ遊び、描画や製作……。それらすべてに子どもの想像力が動員される。想像力を十分に使い、ファンタジーの世界でたっぷり遊ぶことは、創造的な活動への力を養う。

④**工夫する力**

　どんな領域においても、独創的なものはそんなに簡単に生まれない。何度も試みたり、やり直したり、実験したり、考えたりするなかで生まれてくる。描いたり作ったりする活動のなかで、作品を自分のイメージに近づけるためにいろいろな工夫を重ねていくこと、工夫することをあきらめないことが大切である。

⑤**模倣**

　あらゆることを自分一人で経験し、修得していくためには膨大な時間とエネルギーが必要だ。また、一人の人間の発想やアイデアには偏りや限界がある。ところが模倣をすることで、自分以外の人の感じ方や考え方を知ることができる。2歳ぐらいから生活のなかで模倣が盛んになるが、それは、たくさんのことを学ぶためのよい近道といえよう。造形活動においても同様であり、他の子どもの作品を見たり、一緒に製作することで、子どもたちは感性や技術、発想など多くのことで刺激を受けたり、励まされたりする。模倣を

たんなる「マネ」ではなく、新しいものを作り出すために必要な経験にしていくことが大切である。

### ⑥手を使うこと

現代は自分で作らなくても、多くのものが手に入る。けれども、人類の創造と発展の歴史は、手を使ってものを作る、あるいは、そのための道具をつくることの歴史である。手は、それらの道具を使ってものを作るだけでなく、合図をしたり、言葉を語ったり、演奏をしたり、コミュニケーションをとったりと、たくさんのことをやってのける。手は脳の出張所といわれるが、それぞれの指や手の中枢は、脳の感覚・運動ともに、全体の3分の1を占めているといわれる。

子どもが自分の手を使って描いたり作ったりするようになったら、そのことを大切に育てよう。そして、自分の手で作る喜びをもち続けられるよう、応援しよう。

### ⑦コミュニケーション力

現代は人とかかわらなくても生活ができるくらいに便利になっているが、対人関係は家族をはじめ友人、地域社会においてもなくなることはない。また、保育・教育や医療、介護、種々のサービス業など、さまざまな職業においても必要な能力である。進化した人間の脳は1400〜1500㎤（ゴリラの約3倍）であり、大きな脳はより大きな群れにおける集団生活を可能にした。私たちはこの能力を鍛えつつ、ますます複雑化する社会に対応できるようにならなければならない。現代社会は一人でも生きていけそうに思えるが、本来、人間は一人では生きていかないように進化してきたのである。

また、今後ますます発展するネットワーク社会では、地球規模での表現力やコミュニケーションが行き交うことになる。国や民族、文化、組織の枠を超えて人々が話したり、つながったりして、互いに理解し合うことができるようになるだろう。コミュニケーション力とは、人間関係や新しい表現を創造する能力である。

## （4）創造性とデジタル社会

今日の乳幼児は、パソコンやインターネット、携帯電話などがあたりまえに生活のなかにあるデジタル社会に生まれている。まさに、デジタルネイティブの子どもたちである。乳児は携帯電話に興味をもち、幼児ともなれば臆することなくタブレットパソコンに触るようになる。学校においてもICTの環境整備が進んでおり、子どもが情報活用能力を育み、それを幸福な人生とよりよい社会をつくるために生かすことができるようになることが求めら

れている。また、テクノロジーとアートを組み合わせた華やかなアートアトラクションも各地で開催されている。

今後、ますます社会がデジタル化していくことは間違いないと思うが、乳幼児の造形表現においては、まずは、本物の素材を触ったり、その匂いを嗅いだり、音を聴いたりすることから出発する。それらの素材の特徴や扱い方、何に使えるかなどを知ることが造形表現の基礎である。また、道具の使い方を学び、使いこなせるようになることも必要である。子どもが造形表現の素材だけではなく、身の回りにあるさまざまなものを扱い、操作できるようになることは、子どもの自立心を養い、生活することへの自信を育てる。

世界のチルドレンズ・ミュージアム（子どものための美術館や博物館）では、実際に触って体験する参加・体験型（ハンズオン）の魅力的な展示が行われている。ミュージアムによっては、テクノロジーを活用して、子どもが、遊び学べるプログラムが用意されているところもある。デジタルは通信ツールやコミュニケーションツールとしては優れているが、表現ツールとしてはまだ未成熟といわれており、これから進化していくことだろう。まず、乳幼児にとっては、粘土をこねたり、パスやクレヨンで絵を描いたり、紙を折ったりちぎったりすることが楽しいし、その体験を十分にしておくことがその後の生活においても、造形表現においても基本である。自分の手や体を使った体験こそが、子どもたちがデジタル社会を創造的に生きていくために必要なことである。

## （5）創造性の発達
### ①おおむね０～２歳

子どもが自分のエネルギーや能力を発揮できるようになるためには、情緒の安定が基盤になる。養育者や保育者との信頼関係のなかで、安心して生活できることが大切である。このような環境のなかで、子どもはいろいろなものに対する興味や好奇心をもつようになり、自分の感覚器官を用いて確かめたり、試したりすることができる。

芽生え始めた想像力を育てるためには、音の出るおもちゃ、人形やぬいぐるみ、なぐり描き、水や泥・砂遊びなどが有効だろう。いずれの場合にも、子どもの表現を温かく見守り、受けとめることがなにより大切である。子どもが自分の遊びや活動を保育者によって認められると、彼らは自分の表現に自信をもつようになり、そのことが自尊感情を高めることにつながっていく。

### ②おおむね２～４歳

子どもが歩いたり話したりできるようになると、自立心が育ってくる。失

泥遊び（1歳）

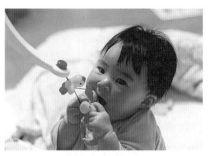

なめたり触ったりして遊ぶ（6か月）

人形遊び（1歳）

敗したりしながらも自分の力でいろいろなことに挑戦しようとする姿を尊重し、見守り、励まし、ときには慰めよう。子どもの自主性が育つこの時期、一つひとつの経験が彼らの自信につながり、次の経験への意欲をかき立てる。

　この時期の子どもには、自分の手で変化させやすく、いろいろなイメージを表現しやすい砂場遊びや粘土、積み木、ブロックなどがよい。作っては壊すことの繰り返しのなかに、新たな発見がある。絵にも形が現れてくるので、自分のなかのイメージと結びつけることができるようになり、描くことが一層楽しくなってくる。また、自然のなかで遊ぶことも大切である。たくさん

砂場遊び（3歳）

の不思議との出会いが、感動や疑問を呼び起こし、想像力や探求心を豊かにするだろう。

### ③おおむね4〜6歳

心身ともにたくましさを増すこの時期、仲間とのダイナミックな遊びが充実してくる。ごっこ遊びには、それぞれの役割を工夫して演じたり、ストーリーを考えたり、必要な道具を準備したりと多様な要素が含まれている。知識や感情、社会性などのさまざまな能力も要求される。造形活動も共同で行えるようになり、イメージを共有しながら、スケールの大きい作品に挑戦できるようになる。また、一人で自分の課題にじっくりと取り組むこともできるようになる。多くの創造的な活動は「ひとりの時間」のなかで行われるので、子どもが一人で造形活動に没頭することにはたいへん意味がある。

いずれにせよ、遊びや造形活動を通して物事を順序立てて考え、見通しや計画性をもって物事を進めていくことは、創造活動に不可欠だ。個人においても、集団においても、一つの活動にじっくり取り組みながら表現への衝動を現実の形にしていくプロセスは、創造性の育成におおいに有効といえよう。

また、この時期の子どもは、科学的なことにも関心をもつようになる。昆虫や動植物、気候、天体や宇宙などに関する話題や表現活動を取り入れたり、実験的な遊びもいいだろう。それらは、子どもの心に発見の喜びを与え、物事を探求し、新しい造形表現を生み出していく態度を育てる。

一人で製作に打ち込む（年長児）

毎朝ミニトマトを観察する（4歳児）

● 「第1章」学びの確認
①人間にとって「表現すること」の意味を考えてみましょう。
②幼稚園教育要領と保育所保育指針、幼保連携型認定こども園教育・保育要領の「表現」と他の領域の関係を確認してみましょう。
③子どもの頃、どんな造形表現をしたか、それのどんなところが楽しかったか、書き出してみましょう。

● 発展的な学びへ
①「春(夏・秋・冬)を見つけよう」というテーマで、その季節を感じたものを写真に撮ったり持参したりして、互いに発表し合いましょう。
②創造性を培う造形表現やおもちゃについて研究しましょう。
③造形的な表現を育てることと自我の成長について考えてください。

引用・参考文献

1)浅見千鶴子・稲毛教子・野田雅子『乳幼児の発達心理1』大日本図書　1980年
2)浅見千鶴子・稲毛教子・野田雅子『乳幼児の発達心理3』大日本図書　1980年
3)石戸奈々子『子どもの想像力スイッチ!』フィルムアート社　2014年
4)ヴィゴツキー,L.S.(広瀬信雄訳)『子どもの想像力と創造』新読書社　2002年
5)岡本夏木『幼児期―子どもは世界をどうつかむか』岩波書店　2005年
6)川崎洋編『こどもの詩』文藝春秋　2000年
7)教育と医学の会編『知と感性をそだてる』慶應義塾大学出版会　2002年
8)高橋史郎編『現代のエスプリ　感性教育』至文堂　1997年
9)中川香子『お母さんにわかってほしい幼児期のお絵かき』PHP研究所　2006年
10)中村雄二郎『感性の覚醒』岩波書店　1997年
11)マスロー,A.H.(佐藤三郎・佐藤全弘訳)『創造的人間』誠信書房　1972年
12)みき こうわ『子どもたちの不思議』創和出版　1992年
13)山極寿一『人類進化論』裳華房　2008年
14)C.エドワーズ・L.ガンディーニ・G.フォアマン編(佐藤学・森眞理・塚田美紀訳)『子どもたちの100の言葉』世織書房　2001年
15)レッジョ・チルドレン(田辺敬子他訳)『子どもたちの100の言葉』学研　2001年

●○● コラム ●○●

### あっと驚いたスクラッチ！

　私が幼稚園の頃といえば、ウン十年前になる。幼稚園に通う子どもも少なかった!? 時代である。幼稚園での思い出はいろいろあるが、そのいくつかは今でも鮮明に思い出す。なかでも強烈な印象が残っているのが、スクラッチ（ひっかき絵）である。

　まずは、先生に言われたように、パスで画用紙にいろいろな色を塗っていった。好きな色をいくつも塗っていった。ところが画面がきれいな色でいっぱいになると、先生はその上に黒を塗りなさい、とおっしゃる。「えーっ、せっかくきれいに塗ったのに、なんで……」と思いつつも、言われるままに黒のパスで塗りつぶしていった。塗り終わった真っ黒な画用紙を前にポカンとしていると、今度は、「そこに好きな絵を描きましょう。」と言われ、釘（だったと思う）をもらった。わけがわからないまま、真っ黒い画用紙に線を引いた。すると、なんということだろう。黒い色の下からきれいな色──先ほどていねいに塗った赤や青、桃色たちが現れてきたのだ。これには、驚いた。感動した。まるで魔法のようだった。

　造形遊びは自分の手を使って行い、最後に作品が残るので、子ども心にもインパクトが強い。とくに初めての経験は、まさに「未知との遭遇」である。新しい世界がパアッと開ける。そして、一生懸命活動に取り組むと、その後、なんとも心地よい満足感にひたることができる。自分が大きくなったような、ちょっぴり誇らしい気持ちになるのである。

スクラッチ（表紙カバーにカラー画像を掲載）

# 第2章 子どもの造形活動の発達と特徴

◆キーポイント◆

ここでは「子どもの造形活動の発達と特徴」を乳幼児から解説する。年齢の大きい方から見ていくと、その年齢の子どもの表現は理解できても、どうしてそのような表現になっていくのかは見えてこない。乳幼児期から見ていくことによって、なぜそのような表現になっていくのかや、造形活動の発達が子どもの成長と同時進行していく様子が分かり、その発達の流れがつかみやすくなる。発達に個人差があることを前提に、この流れをつかんでいただきたい。また、子ども特有の表現方法があるので、なぜそのような表現になっていくか、大人との感覚の用い方の違いから解説する。

## 第1節 ● 幼児の造形活動の発達を考える

### 1 ── 幼児の生活と造形活動

　大人は造形活動と生活は別のものと考え、造形活動はある特定の人しかしない特殊なものだと思うのが普通である。一方、子どもにとって造形活動はどんな意味があるのか、子どものときの細かい記憶は薄れているので、自分がどのようにしていたかなど思い出そうとしても難しい。しかし、大人になった現在、子どもを観察することによってそれを想像することは可能である。幼児の発達はヒトが人になる過程なので、共通の部分がとても多いからである。いずれにしても大人の基準を捨ててしまわないとよく理解できないと思われる。

　幼児がよく遊ぶことは常識的に理解されている。しかし、幼児の活動すべてが遊びにかかわり、それがまたすべて成長にかかわっていることは理解されていない。遊ぶことが即成長につながるのが幼児なのである。

　幼児の行為はその無償性において遊びと分類して差し支えないと思うが、その行為は自分以外とかかわることから始まる。それは大きくいえば環境、具体的にいえば母親や身の回りにあるものということになる。乳児はお座り、ハイハイやつかまり立ちする頃には手を自由に動かすことができるようになり、手あたり次第につかみ、口に入れたり触ったりする行為をする。これを探索活動と呼ぶが、この活動によってものとのかかわりが始まるのである。

実際はそれまでも口に入れたり触ったりする行為はあるが、活発に行われる時期はこの時期以降になる。この時期は自分以外のものと自ら動いて、初めてかかわることになる。手で触るより口に含んで確かめることが多いので、不必要なものにまでかかわることがあり誤飲事故も起こる。そのような危険もあるが、この探索活動を行わないと生きていく力もつかない。それは人間も動物も同様だが、自分の周りとかかわらなければ食べるものも獲得できないし、自分自身をどのように守ったらよいか判断する力もつかないからである。このように、ものとかかわる行為は非常に重要なのである。
　この、ものにかかわる行為をもう少し考えてみる。探索活動は口に入れる、触るなどの活動がおもになるが、これらの行為はものを理解することが一番の目的である。大人の場合は言葉とものがあることによって理解していくが、言葉が発達していない状況では手当たり次第に触れる経験がものの理解の基本になる。当然言葉がないから理解は不十分である。しかし、このような行為が将来言葉を獲得して理解が完全になるための基礎を作るのである。たとえば、私たちは「机」という言葉を聞いて堅い板を想像するが、この堅さを理解しているのは、幼児の時期に知らず知らずの間に机に触れ、理解を深めてきたという経緯があるからなのである。見れば分かると大人は考えるが、これも無意識に触れて理解を深めてきたからこそ見るだけで想像ができるようになったのである。
　このように探索活動は非常に重要な活動の始まりである。そしてもう一つ重要なことは、この探索活動は操作活動を伴ってくる点である。操作活動はものを操作することであるが、幼児の具体的行為でいえば、たたく、破る、投げるなどものとかかわるときの行為がそれに当たる。この行為は初期的にはかなり大雑把な感じを受ける行為なので、無意味な破壊的活動（マイナスの造形とプラスの造形について本章第6節を参照）のように感じられるが、道具を使う、ものを加工するという人間の本質的な性質のなかでも、もっとも基礎的な部分の発達の始まりを告げている。この操作活動を十分に体験して身体がよく動くようにすることは人間の必要条件にもなるのである。すなわち、人が操作という遊びを通じて発達していく限り、必然として造形活動は出てくるのである。その意味で造形活動は特殊なものではなく、幼児の自然な行為として理解されなくてはならない。

## 2 ── 子どもの造形表現の特徴―見ることよりも触れること―

　子どもの造形表現の特徴を見る前に、子どもの感覚のあり方について考え

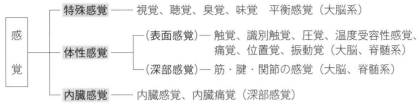

図2-1 感覚の分類

てみたい。それは造形活動と密接に関係するからである。一般的には視覚、聴覚、臭覚、味覚、触覚の五つの感覚を五感と称しているが、ここではそれをもう少し詳しく分類したい。

図2-1のように大きくは、特殊感覚、体性感覚、内臓感覚の三つに、細かくは15に分類される。大人でよく使われる視覚や聴覚は特殊感覚という分類に入っており、これは大脳ですべて処理をする感覚である。完成は青年期以降とされている。この感覚は直接そこに行かなくても見たり、聞いたりできて非常に便利なので、よく使われる感覚でもある。

体性感覚は大脳と脊髄で処理される感覚である。これは普段は大脳で判断するが、緊急を要する場合は脊髄（反射）でも判断することができる。熱さ、寒さ、痛みなど、この感覚は生命を維持するための基本的力を備えた感覚で、特殊感覚に障害があっても生存できるのに対して、体性感覚に障害をもつと生命の維持が難しくなる。このなかの深部感覚は筋肉や骨の動きを感じる感覚である。これらの感覚は生後すぐにでも活発に働いており、9歳ぐらいで完成するといわれている。

もう一つの内臓感覚は意識すれば胃の場所が分かるように、それぞれの臓器の場所にある感覚で、内臓痛覚は病気などで内臓が痛むときに働く感覚で正常なときは働いていない。

このなかで幼児を理解するために注目しておきたいのが体性感覚である。体性感覚は生命を維持する感覚であるといったが、もう一つ大きな役割をもっている。それは特殊感覚と内臓感覚をつなぐ役割をもっている点である。これは言い換えると感覚を一つにまとめるということになる。それぞれの感覚が十分働くことは前提としてたいへん重要であるが、身体のなかで連携し、まとまっていなければ目的に応じた身体コントロールを失ってしまう。

ここで思い出してほしいのは、体性感覚が生後すぐの時点でもよく働いている点である。これは人間が正常な状態を保つためには、感覚が連携をもっていなくてはいけないことを示していると思われる。そのために体性感覚だけは生後すぐにでもよく働くようになっていると考えられる。体性感覚が生

命を維持する感覚であることを考え合わせると、誕生時に適切な保護があるならば成長は保障できるようになっていると考えることができる。

　感覚は体性感覚を先導役にして、視聴覚なども完成へと導くと考えられる。そのことから考えるならば、乳幼児の環境へのかかわりの基本は体性感覚主導型であると考えられる。大人が視聴覚という特殊感覚優位なのに比べると大きな対照がある。大人が乳幼児のことで理解しにくいことがあるのは、この感覚のあり方の違いのためであると考えられる。

　これらのことから、乳幼児の造形活動は大人が考えるような視覚に頼った行為ではなく、触覚に代表される体性感覚をおもに使った造形活動を行うと考えられる。乳幼児の造形活動は直接ものと触れ、体験するような活動が重要になってくる。大人と同じ感覚を使って造形活動に取り組んでいないことをよく理解しておくべきで、造形活動は発達すべき感覚を自ら使う行為であるから、教えなくても行うし、特殊なものではなく必要があって行われるものと理解されなくてはならない。

## 第2節 ● 児童期以降の造形活動

### 1 ── 小学校低学年

　この時期は年長児と同列に考えても差し支えない。体性感覚の完成を間近に控え、だれもが絵や製作で語ることができる最後のときともいえる。一方、学習活動が本格的に始まり、いろいろな生活経験などを言葉や文字で表現するための訓練が始まる。

　造形活動では、自分の経験や知っていることを表す意志はもっとも強い時期になるので、表現も年長児に比べて細かい説明をすることができるようになる。材料経験も乳幼児期からの積み重ねもあり、扱いもいくぶん慣れているともいえ、行動力の増大に伴い、指導がうまくいけばそれなりの表現が出てくる時期であるといえる。この時期の後半あたりから空間意識に変化が現れ、それまでの空間認識はある一定の場所にあることを表現することだけで十分だったが、ものとものの間の距離や場所のなかでの位置関係を表そうとする意志が見られるようになる。これは細かい説明をすることができるようになることとも関係し、空間を視覚的に意識する力がつくために起こることであると思われる。

## 2 ── 小学校中学年

　中学年は体性感覚が完成を迎える。この時期は視聴覚に代表される特殊感覚が徐々に前面に出始める時期でもある。そのため視覚によって認識された空間をいかに表現しようかという工夫が生まれる。見えない部分を描く重なり表現ができるようになり、視覚の優位性がはっきり出てくる。これらは体性感覚が完成した後、視覚、聴覚に代表される特殊感覚が徐々に優位になるためであるが、以前のように自分の表現に自信がもてなくなる傾向も出てくる。視聴覚の優位性が明瞭になるにしたがって、視覚認識と表現活動の結果のずれを気にする児童が増える。まだ視覚的な表現は難しいので、どの人にも分かり、自分もある程度納得できる説明をするのに豊富になってきた言葉で補う。

## 3 ── 小学校高学年

　高学年では中学年での傾向がより顕著に現れ、この時期は視覚、聴覚に代表される特殊感覚が完全に優位に立つ時期で、また子どもが視覚型、触覚型という二つの類型に分類される傾向を示すといわれている。視覚型は写実的な表現を優先した表現をとる傾向がある児童を指し、触覚型は見える形にこだわらないで自分の感じるところを優先した表現をとる。視聴覚優位になっていることからも視覚型の児童が圧倒的に多く、写実的表現を好む傾向も顕著になり、自己の描画表現能力に限界を感じる子どもも増える。ただし、実際はこのように二つの類型に明瞭に分けることは難しく、傾向としてもつに止まる。この時期は視覚的三次元空間を認識することが可能になり、三次元表現を試みるようになり、簡易な表現方法で三次元的立体感を表すことができるようになる。

## 4 ── 中学生以降

　美術は嫌いだとか不得手であるとかいう生徒が非常に多くなる。生理的にも大人に近づき視聴覚は以前に増して強くなり、個人差はあるが、この中学生期から高校生期に特殊感覚は完成を迎える。造形活動は一般的には必要性の減少とともに停滞が始まり、表現能力は小学校高学年枠外から出ることができないことが多いように見える。このように必然的に美術の活動が行えなくなるので、透視図法やデザイン技法などを教えるのもそのためで、これは

「芸術教養」ともいえる。中学校でも選択科目が導入されている背景にはこのような事情があるものと考えられる。しかし、造形行為はそれ自体がどんな年齢の人間も育てる面をもっているので、その使命はあると考えられる。

## 第3節 ● 絵を描く活動はどのように発達するか

### 1 ── なぐり描き（スクリブル） ─身体を使った大切な活動─

おおむね 0〜2歳

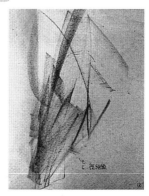

1歳5か月児のなぐり描き

なぐり描きは手を自由に動かすことができるようになる、つかまり立ち以降に出現する表現である。線として残るので、視覚を用いて描かれるように思うが、最初は体性感覚のなかの運動感覚によって引き起こされる「結果」である。描画材をたまたまもっていて、手を動かしたところ痕跡が残ったというのが始まりである。このような経験の積み重ねのなかで、描画材によって描くことができるという学習をさせ、以降は自ら描画材を手にとりなぐり描きを自主的に行うようになる。この頃は判断する力は当然ないので、決まった場所に描くことはしない。壁や家具などはもちろんのことあらゆる場所に描く。これらの行為は大人にとればまったく不都合な活動であるから抑止されることも多い。

だがこの一見、不都合で無意味に見える活動は実は非常に重要な活動なのである。

次の図2-2で示されているのは20種類のなぐり描きであるが、これはなぐり描きのなかの一部分を抽出したもので、単体でこのように描かれているのではない。これら20種類の図形は形を作り出すパーツと考えてほしい。

描画の発達の過程のなかにはイメージをもって描くことのできる段階があり、この段階を「形象化」という。自分のイメージと形が結びつく段階のことで、表現と言葉が結びついているので、互いに同じイメージで言葉を使っているのが確認でき、社会的適応の下地が確認できる唯一のものである。

そのようなことを頭に置いてもう一度20種類のなぐり描きを見てみると、これらのパーツが、形象化された後の表現のなかで組み合わされて使われており、言葉でいえば「あいうえお」になり、「あいうえお」を知らないとしゃ

図2-2 ローダ・ケロッグ「児童画の発展過程」

べれないように、なぐり描きをしないと「形象化」ができないことになる。また、「ことば」のイメージするところが確認できない、語彙数の少ない幼児にとって、自分の思いを表すのに、描画や造形という方法がもっとも簡単で有効な表現手段となる場合もある。語彙数の増加にもかかわるので、この乳幼児の一見無意味に見えるなぐり描きの活動は、成長するための活動の準備、あるいは練習をしていることになるので、大人はこのことをよく理解する必要がある。

## 2 ── 線表現・輪郭線 ─具体的な形が出るまえに─   おおむね2〜3歳

　面を塗るようなことは年齢が経って、そのものの色を塗りたいと思うまで自分では塗らない。子どもは、なぜ線表現をするのか？　触覚を中心とした体性感覚が優位にある点から考えてみよう。

　触覚は、視覚に比べると形を把握するのに時間がかかる。視覚は見れば一瞬で形が分かるが、触覚の場合は全部触れなくては分からない。それに視覚に比べ大きさの割合をつかむのが難しい感覚である。大小は分かるが、どのくらい大きいのか、どのくらい長いのかなど分かりにくい。そのかわり視覚に比べ、質の違いや感じの違いなどはよく分かり、ものの凹凸や手触りなど視覚では十分把握できないことはしっかりと分かる感覚である。そのように触覚で手などを動かして使う触覚を「能動触」という。この能動触を使って質の違いや感じの違いを便宜的に表すのに輪郭線という線表現を用いるのではないかと思われる。視覚は発達途上であり、視覚で違いを「見分ける」にはまだ多くの経験が必要である。輪郭線も本来は視覚的にはないもので、このような輪郭線の表現をするのは視覚を使っているのではなくて、能動触で得た経験を表していると考えられる。

　子どもの表現の特徴の一つを能動触からもう少し説明する。子どもの絵で顔だけが非常に大きくて手足の小さな描画はよくある。このような表現が能動触で得た経験を表していると考えるならば、触覚の特徴である大小が分からなくて、凹凸がよく分かるとすれば、このような表現をとってもおかしくないのである。大人が子どもの表現を理解するのに視覚から、触覚＝能動触に切り替えるだけで結構理解できるものなのである。

## 3 ── 形の出現   おおむね2〜3歳

　なぐり描きの活動は、人間にとって必要な活動だから繰り返し行われる。そして初期の運動感覚だけの活動から、紙の中心に描くなどの変化が見られるようになる。これは視覚のコントロールが始まっている証拠で、青年前期に完成する視覚の初期的な訓練にもなる。このような活動のなかで、偶然なぐり描きに混じって、区別できる形が出現するこ

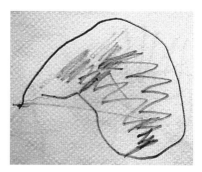

なぐり描きから偶然現れた形が、やがて独立していく

とがある。何度かこの経験を積み重ねながら頻度を上げ、なぐり描きから独立した形を描くことができるようになる。この独立した形は丸、四角形、三角形といった分かりやすい形ではなく、不定形である。この形は独立しているけれどもそれ自体にはイメージはない。幼児の方は形を抽出しただけで喜びを感じ、得意になって何度も描いているので、励ましの問いかけをしながら、この活動を十分させるよう力を注いでほしい。

## 4 ── 名前をつける  おおむね 3〜4歳

形を抽出できるようになると、形を組み合わせることが行われるようになる。二つ、三つの組み合わせ、そしてそれ以上の組み合わせと進んでいく。組み合わせが複雑になるにつれ、一つだけ形が抽出されているときよりイメージがあるように思えるが、この時期でもまだ形にイメージはなく、組み合わせや並べることを楽しんでいる状態である。これらは最初からイメージをもって描いていないが、途中や最後になって自分が描いた形にイメージが湧き、後づけながら形にイメージを与えるときがある。これは形象化の一歩手前であり、形によってイメージを表せることを知る経験であり大切である。この時期を「命名期」と呼ぶ。

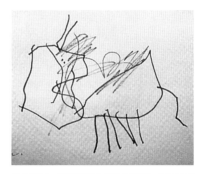
この絵は、適当に形を描いた後に、牛に見えてきたので「モーモー」と命名された

## 5 ── イメージをもって絵を描く  おおむね 4〜5歳

命名期は形に後から名前をつける時期であることを説明したが、このようなことを繰り返していると、しだいに最初からイメージをもって描くことが行われるようになる。このように最初からイメージをもち、形を描けるようになることを「形象化」と呼ぶ。初期段階では「おかあさん」と言いながら、丸などを描く行動から始まるが、それにとどまらず、稚拙であるが形を組み合わせたりして、大人にも分かる表現をするようになる。

この形象化が大切であるのは、イメージと描くものとの一致にある。幼児が絵や造形に自分の思いを託して表現することや、それが将来言葉の獲得にも有用な行為であることは指摘した。形象化ができないと、幼児が実際どのような思いをもって、イメージを確実につかめているかが分からない。また、

イメージを積み重ねて、思いを深めていくこともできないものと考えられる。将来のことを考えてもこの形象化は重要な節目といえる。

形象化を急がせる傾向があるが、これには注意を要する。成長が

「形象化」が大切なのは、言葉のイメージと形のイメージが同じであることが確認できることにある

遅れず確実に進んでいることを確認したいためだろうが、形象化は幼児が成長する過程で自ら獲得するものであり、またそのようにしないと本当の形象化はできない。あせりは禁物である。どんな幼児でも年中児の2学期頃には描き始め、もっと遅れても年長児には描き始める。それよりも遅れるようであるならば、専門家に相談してみるのも一つの手である。

## 6 ── 獲得したイメージを表す二つの方法 ─マンダラと組み合わせ─

おおむね 3〜4歳

　ある形が発展していって形象化が行われるケースがある。それは人間の描写に見られるもので、この過程について説明しておく。これは「マンダラ」といわれる丸に十字を組み合わせたような形である。この図形には四角と十字などいくつかの組み合わせがある。この形は複雑な技術が必要でないのに、結構複雑でイメージありげに見え、なおかつ安定した形であるので幼児は好んで描く。しかし、これらは基本的には二つの形の組み合わせに過ぎないので、形象化以前の形態でイメージはない。

　このマンダラを描く繰り返しから、丸はそのままで十字の円のなかにあった部分が何らかの形で残り、外に出ていた部分が放射線状に増える形態が出てくる。この後、この形態の円のなかの部分が消えてしまい、前の絵よりも太陽に見えるが、これもマンダラ同様にイメージは存在しない。次にいったん消えてしまった円のなかに顔のような形が現れる。これは「太陽人」と呼ばれ、アニミズム的に幼児が太陽と意識しているのかそうでないのか判断が難しい形で、

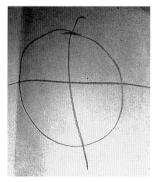

形象化以前の過程で見ることができる「マンダラ」

命名期や形象化の時期と重なるので余計に判断が難しくなる。その後、これらの形は「頭足人」(p.57を参照)に変化していく。頭足人は頭から直接手足が出ているような表現で、ここから人間の表現が出てくる場合がある。

　一方、形を組み合わせて表現する方は、ちょうど幼児が積み木を積んで見立て遊びをするように形を作っていく。たとえば、家を描くとき屋根は三角形、壁は四角形、窓も四角形、扉は長方形というように全体の形を作っていく。この形の組み合わせはいろいろなものに応用できるのでさまざまな描画で使われる。人の表現も頭部はマンダラからの発展もあるが、形の組み合わせからも可能で、体の部分などが描かれるときは、マンダラよりもこの形の組み合わせが使われるものと思われる。このように形の組み合わせによって幼児はイメージや思いを表現していく。

「頭足人」の一例

## 7 ── 描きたいものを並べる　おおむね3〜4歳

　幼児が形象化を経ていろいろなものを描けるようになると、得意になって描くようになる。この時期幼児はいろいろなものを描いておくことが必要なのである。この時期の後、描画という言葉を使ってさまざまなお話を聞かせ

描画の羅列は「カタログ期」とも呼ばれる

てくれるようになるが、上手にお話をするのに言葉を知っていなくてはならないように、描画の言葉や使い方を勉強する時期なのである。描画は文字とは違って同形、書き順があるわけではない。また「てにをは」のような文法も存在しない。独学で学んでいくので、逆にそのために自分なりの工夫や見て分かるように描くなど、つけなければいけない力が本当につくのだともいえる。この時期につけておかなければならない力は、自分がどのように思い感じるのかということなので、稚拙であっても幼児に任せ、お話を聞き、必要な材料用具を準備することである。この時期の表現は、「描画の言葉」（描き表す形としての言葉）と「話し言葉」を獲得している時期であるから、描画の羅列が多く見られる。なにもかも同じ画面に描いてあることも多く、「カタログ期」と呼ぶこともある。描画の言葉の練習をして、それが「ことば」の発達を促し、「てにをは」がついて文になっていく時期と考えていただきたい。

## 8 ── お話が出てくる　おおむね4～5歳

　年中児から年長児にかけて、描画によってお話しようとする時期がくる。話し言葉や書き言葉の方が容易ではないか考えるが、違っている面がある。たとえば「おかあさんはどんな人か教えて？」と幼児に聞くとする。幼児は一生懸命考えて答えて「○○で」「○○で」という風に一つひとつ言わなくてはならない。いくら根気のよい子でもいやになる。それに引き替え、描画の言葉はおかあさんを描いてしまえばそこには自分の知っているおかあさんをすべて描いているのであるから、それ以上説明することが必要ない。そして、その描画を見ればおかあさんが口紅をつけていたり、パーマを当てていたりどのような服装をしているのかなど一目瞭然である。周りを見ればどのような趣味や、職業、生活をしているのかまで、幼児の目を通して見た世界が描かれている。もし、これらを話し言葉や書き言葉で表現するとすれば、何枚もの原稿用紙が必要になるにちがいない。それが1枚の絵で済むのであるから非常に簡便な手段であるといえる。

　そのような簡便な手段を大人がとらないのは、大人の場合視覚や聴覚が優先するので、まず「似ていること」が絶対の条件で、性格や人柄など抽象的なことも表そうとするなど越えるべきハードルが多いためである。このような条件をクリアーするためにはかなりの芸術的センスを要求されるし、時間も非常にかかる。そのため大人には話し言葉や書き言葉の方が簡便な手段なのである。このような大人に比べると幼児の描画は似ていることは気にしないし、抽象的思考とも無縁である。細々とした具体的なことまで表現するに

は言葉を使うより、描画を行う方がずっと早くて正確で、なおかつ負担が軽いのである。年齢的にも体験したことや見たり聞いたりしたことを言葉で伝えることができる年齢である。より細かく伝えるには描画でお話を語る方法はこの時期の幼児には自然なやり方といえる。この描画で十分話すことは後に言葉で表現するときの基礎にもなるので、機会を見つけて本人が納得いくまでやらせたいものである。この時期は小学校の低学年くらいまで続くと考えられ、直接体験を表現するよう指導するのが基本であるので、生活経験の絵が中心になると思うが、お話の絵や観察の絵などもお話に十分感動させたり、興味をもたせたり、見るだけでなく触れさせたり、遊ばせたりするなど能動触を取り入れたいものである。

この絵は、地面の線（基底線）上に、家があり、人がいて、ものが置いてあるという「お話」を伝えているといえる

## 第4節 ● 子どもの絵に特徴的な表現を見る

### 1 —— 頭足人と観面混合  おおむね3〜5歳

「頭足人」という幼児独自の人間の表現がある。この絵は大人から見ると矛盾だらけである。まず中心には大きな顔があり、その顔からは手足が出ている。名前の由来も頭部から手足が出ているこの特徴にある。しかし、この絵は視覚的ではないが実は論理的なのである。幼児も頭から手足が出ていないのは知っている。あの大きな顔に見える部分は実は顔ではなく、顔を含めた身体である。首や胸、腹などを描かない理由は、描くと人間の身体が分割されるという"矛盾"が起こるからである。大人から見れば首や胸、腹は当然

「頭足人」の一例

別のものであるが、よく考えると、そもそも身体には「切れ目」はない。幼児はこのことをよく知っていて、身体は一つであることを示しているのである。その証拠に腹の位置を聞けば、口の下の部分を示してくれる。触れば身体はどこまでいっても一つなのであるという認識には、能動触が大きな役割をしていることが分かる。この絵は子どもの「身体は一つ」という認識を、矛盾から回避する論理的根拠をもっているのである。つけ加えると、その後言葉や視覚によって首、胸、腹などに対する認識は変わっていき、この絵を私たちが知っている人間の絵へと導く。

「観面混合」の表現とは、本来は同じ方向からは見えない正面向きと側面向きの像が一つの絵のなかに入っている状態の絵のことをいう。よくある例では野球帽をかぶった人物の描写がある。この描写では人物は正面向きだが、帽子はひさしがよく分かる側面向きの描写を行う。この絵を視覚的に見れば、帽子を横向きにかぶっている人物が描かれていることになるが、実は帽子を正面向きにかぶっている絵の表現である。事実、帽子をかぶった人物を粘土で作ってもらうと、ひさしはちゃんと前向きにつけている。この他に動物の絵なども、顔は正面、身体は側面というように同じく観面混合で描かれていることがある。このように、観面混合は特徴のある面を必要に応じて組み合わせたもので、「いいとこどり」「ご都合主義」といえるかもしれない。

動物の話が出てきたので、もう一つ動物の絵にまつわる幼児の"発見"の話をしておこう。動物の絵は、人間の絵を基本にして描かれる。もちろんそのままではおかしいので、耳を大きくしたり、鼻を黒い丸に変えたり、足を指のない丸い先にしたりして工夫する。それでもこれでは不十分と感じるらしく、工夫を続け、たどりつく答えは動物の身体が横になっていて、人間の身体は縦になっているという結論である。この結論は生物学的にも正しい。人間が直立二足歩行で、動物は四足歩行をしているからだ。このように正確に違いを発見する目を子どもはもっている。

人物は正面向きで、帽子はひさしのでっぱりがよく分かる側面向きの描写。代表的な観面混合の表現である

## 2 ── 要素の区分的表現　おおむね4～5歳

　それぞれのもの（要素）を独立（区分）した形で表すのは子どもの表現の特徴である。人の絵であったならば、自分が知っている人間を表す要素（身体全体）をすべて描こうとする。大人であれば視覚的に見ることができるので、後ろに人がいれば、後ろの人の身体全体は見えないだろうと理解する。しかし、子どもには後ろの人も、前の人同様に身体をもっているのでそれを描かないと人を表せていないと考える。それは子どもが生活経験から学んだ事実を描いているからである。この生活経験には、触覚が大きくかかわっている。触覚はどんな方向、どんな状態でも確実に数（凹凸の数）や質（質の違い）を判断できる。その触覚を使って学んだ生活経験が、別の人間も同じ身体をもっているという確信なのである。その事実は曲げるわけにはいかないので、後ろの人の身体全体を描こうとする。他のものも同じような態度で描くので、もの同士を重ねて描いて一部が見えなくなるような描き方や、描いたものの上に別のものを重ねて表現することなど思いもつかないのである。そこで子どもは表現を工夫する。たとえば、ボールをもっているという表現では、ボールが手にくっついているように描かれる場合が多くある。これはボールが手にくっついているのではなく、ボールを手に握っていることを表現している。手もボールもすべて表現し、その上ボールを握っていることを表現するためボールを手に接することで表現しているのである。これは子どもの認識のあり方から矛盾なく説明する方法を工夫したものだと考えられる。この要素の区分的表現は子どもの表現全般に表れるもので、小学校中学年の時期を迎えて触覚優位から視覚優位に変わり、「重なりの表現」が可能になるまでは表現活動のベースにあるものである。

よく見ると、手と足に5本の指が描かれている。特に足は、無理な形にしてまでも、5本の指（要素）を区分して表現している

## 3 ── 基底線表現　おおむね4～5歳

　「基底線」は、描画行為の最初期に描かれる地面や水面を表す線で、空の部分と地面の部分、あるいは空の部分と水の部分とを分ける線のことをいう。基底線の出現は、子どもの表現意欲が描こうとするものだけに向かっているのではなく、それらが位置する場を示す必要性を感じるようになったことを

意味している。基底線の表現方法は、直線あるいは必要に応じた1本の線で表され、描画の最初に描かれる。子どもの絵では基底線という場を最初に描き、その上に人間や建物などを配置し、それらが地面という同一の場にあるという関係を説明しているものが多く見ら

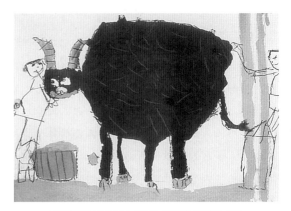

この絵では地面の上にあたる所が基底線となる

れる。また、水平線を描いてその上に船を描いてその下に魚を描いているような絵もある。これは基底線という場を設定することによって、描かれたもの同士の関係を説明している。関係の説明は要素が同じ場にあることだ。もう少し進むと、位置が相対的に左右上下の関係を示すようになる。具体的には、表現されるものが基底線より上にあり、基底線に接していれば場に立脚するもの（地面に建つ家、人間など）の表現になり、線の下にあれば見えない部分（地面のなか、水中など）の表現になる。また、基底線に接しない上の部分は、空中を表現する場であるので、飛行機や鳥など空を飛ぶものしか描かない。同様に下の部分であればそれは地中、水中を表現する場であるので、魚やアリ、イモなどそこにあるものしか描かない。言い換えれば、基底線を最初に描くことによって画面中に描くものの場所を決めてしまうといえる。この表現では描画面中に基底線を引くと、地面のなかという見えない部分を描く必要が出てくるため、天地分離構図のように画用紙の下辺近くに慎重に基底線を描き、地中表現を回避する表現も出てくる。

## 4 ── 転倒式構図─線から面への移行の始まり─ <small>おおむね 5～7歳</small>

「転倒式構図」の特徴は、2本の基底線があることである。その2本の基底線を挟んで両側にものを配置する表現をとる。結果的に一方の基底線上のものが転倒した状態に見える表現方法である。代表的な川を挟んだ絵では、川（2本の基底線によって表現されている）の上部では家が正立像、下部では逆立像になっている。この転倒式構図を描くときも2本の基底線をすべてに先立って引く。これは幅が認識されているために、まず両側の場を表現しないといけないので、先に両側を示す線が2本必要になる。そして、この川や道

路の両側にあるものを描く必要があるとき、両側を示す基底線の間は水面（川）や地面（道路）になるので、両側の線を基底線にしてものを描く（絵をひっくり返して描く）。そのため正立像と倒立像ができてしまうと考えられる。また、今まで基底線という線の上に描いて

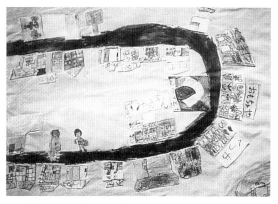

道路の上部は家が正立像、下部では逆立像になっている

いたのに水面（川）や地面（道路）といった平面には描いた経験がないので、船や自動車を描くときに戸惑いが見える。この戸惑いは、基底線のない、平面の上に描くことに慣れていないためだが、次の成長過程では平面に描くことが出てくるので、その意味では戸惑いは無意識に次の段階の準備をしているといえるかもしれない。

## 5 ── 多視点構図と鳥瞰式構図　おおむね6〜9歳

この表現は同時にいろいろな角度から見たものを、同一の画面に表現する特徴をもつ。さまざまなものがこの表現で描かれているが、一つの例としてテーブルの上にあるお寿司を描いたものを見てみる（次頁参照）。寿司、寿司桶、たまり皿、箸は上から見たような平面向きの表現である。ビールは横から見た側面の表現、ネズミの形の箸置きは前から見た正面向きの表現をとっている。このように、いろいろの角度（多視点）から見たものが混然となって一つの画面のなかにあるので「多視点構図」と名づけられている。

大人から見れば確かに一つひとつが違う視点から見て、それらが集まって見えるが、観面混合のところでも取り上げたように、子どもはいろいろな視点から見ていても矛盾は感じない。それよりも、表そうとしているものが自分でも表せていると納得し、他人にも分かることの方が大事と思っている。この表現をそんなところから見直してみよう。

「鳥瞰式構図」は上空から見たような絵になり、ちょうど鳥が上空から見たときのような表現になる。鳥が瞰（み）るという字をあてている。この表現は運動会の絵を描いたときなどによく登場する。運動場全体が描いてあってそこにテントや人の群れ、入退場門などを配置するという表現になる。

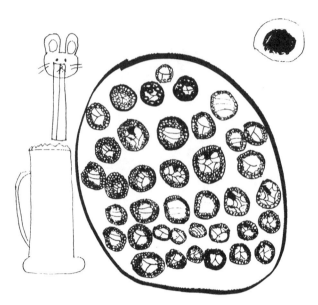

真上から見た視点、横から見た視点など、いろいろな角度から見たものが混然となっている「多視点構図」

　ここで子どもが一番表現したかったのは、ものそれぞれがどんな形をしていて、どんな位置関係にあるかということだと考えられる。まず、形であるが、ものそれぞれにもっとも特徴がある面があって、人間なら正面、普通のコーヒーカップは側面、皿は平面といえば理解できるであろう（鳥瞰式構図の場合は遠くから見ていることになるので、それほど形にはこだわらない）。これらを位置関係に考慮して並べていると考えられる。確かに多視点であるが、表したかったのは、もの同士の位置関係なのである。そのために子どもは画面全体にある状況を設定し、そのときに転倒式構図では戸惑いがあった平面を逆に利用しようとするようである。画面から基底線が消え、平面での位置関係を表すことを選ぶことになる。これはいろいろな視点から見たのではなくて、意味づけられた平面に位置関係を分かりやすく並べる描き方である。この意味づけられた平面は床、テーブルや地面などが多く、ちなみにこの平面を「基底面」と呼んでいる。

## 6 ── 積上遠近法　おおむね5～9歳

　「積上遠近法」とは積み上げることによって遠近を表す方法である。この表現の特徴は画面の下部を近景、上部を遠景に設定し、そのなかに配置するものを大きさの考慮なく、重ならないように上部に向かって配置し位置関係を示すところにある。たとえば、積み上げ遠近法で身体測定時に友だちが並ん

でいるときの絵を描くと、友だちを下から順番に並べることによって遠くにいる友だちと近くにいる友だちを表現する。例示では基底線表現で基底線に乗せられなかった友だちを上の空間に配置し、後ろに並んでいることを表している。この表現は多視点構図にも見られる。ものを配置するときに要素の区分的表現（もの全体を表す）から、同じ大きさのものを上に描いていくことがある。たとえば運動場に当たる部分が「基底面」になっていて、体操をしている絵などに、人を同じ大きさで積み上げて遠近を表すなどの表現が見られる。

身体測定で並んでいる友だちを、積上遠近法で表している

## 7 ── レントゲン描法　おおむね5歳〜大人

「レントゲン描法」は実際には見えないものを断面図のように内部を描く方法である。この絵は幼児の特徴的表現のようによくいわれるが、実際にはこのような表現は建築、医学その他多くの分野でよく見られる表現である。建物の部屋の様子を建物から透けて描いたイラストや内臓を描いた図などがそうである。この表現は内部を表現する必要がある場合のみ描かれるもので、子どもだけに特徴的なものではない。それよりも非常に説明的なものとして大人も子どもも用いるものであると考えた方がよい。

よくあるバスのなかや地中の表現は普通に絵を描いたならば、子どもでも内部は描かない。このような表現は子どもがバスのなかや地中であったことを描く必要があるときに初めて現れる。このことからもレントゲン描法は子どもの表現にのみ特徴的なものではなく、大人にも共通な説明するための「手段」であることを指摘しておきたいと思う。

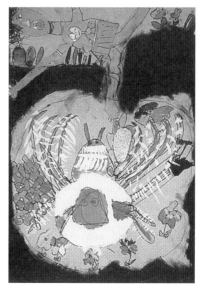

この絵には「レントゲン描法」に加えて、「集中比例」も見られる

## 8 ── 集中比例  おおむね4〜6歳

「集中比例」とは自分の興味のあるものを他のものに比べ大きく表す表現のことをいう。この表現は特別なパターン化した絵の形はないが、子どものどんな絵にも出てくる可能性がある。このような表現が出てくる原因は、まず子どもはもともと大きさに対して無頓着であるということもあるが、これは特徴のある部分や自分の興味関心がある部分を説明したいことから起こる。興味があることというのは、そのものをよく知っていることで、よく知っていることとは、細かいところまで知っているので多くの表現ができることにつながる。多くの表現は当然大きな面積を必要とする。ゆえに、興味がある＝知っている＝大きく表現される、と考えられる。ただ、この表現はよく現れるので、要素の区分的表現と同様に子どもの表現のベースにあるものと解釈した方がよい。

## 9 ── 時間差描法  おおむね4〜5歳

この表現はあまり見られない。お話の絵を描いたときなどに、ときどき見ることがある。たとえば、右の「かもとりごんべえ」の絵で空を飛ぶごんべいが中央に描かれている絵はよく見るが、ときどき奥の五重の塔の横に小さく落ちていくごんべいも描かれている場合がある。このように異なった時間に起こったことを同一の画面に表しているのを「時間差描法」という。子どもの場合、経験が時間の経過に拘束されずにひとまとまりの時間のなかでの経験として認識される傾向があり、時間経過に沿って一場面を描くよりも、自分がおもしろかった場面が複

五重塔の左に小さなごんべいがいる

数あったときに描いてしまうのではないかと考えられる。年齢が大きくなるにつれて、ものの前後のかかわりや時間の経過が分かってくるために表現のなかにあまり現れなくなると考えられる。

## 10 ── 同色塗りと平行遠近法　おおむね 10歳～大人

「同色塗り」はものの固有色を、ものの全体に塗ることをいう。顔ならうすだいだい色を顔の部分全体に塗ること指す。当たり前と思うかも知れないが視覚的に見ると違う。写真を見ると分かるが、陰の部分はうすだいだい色などしていない。大人でも顔は同色であると思っているが、それは陰の部分がこちらを向けばうすだいだい色であることを知っているからである。この同色塗りというのは経験、体験的な色の使い方なのである。同様の経験は子どももしているので使う。これと違うのが陰影法という陰を描く方法で、訓練が必要であり、これは視覚をおもに使うので、子どもはもちろん使わないし、大人もなかなか使えない。

もう一つ、幼児には関係ないが児童期後期に出てくる「平行遠近法」について話しておく。平行遠近法とは平行な線を組み合わせることによって奥行きの空間を表現する方法である。「透視図法」と比べてみると大して違いがないように思うが、実際は大違いである。それは、平行遠近法が柱の長さも同じ、屋根の幅も同じというように経験、体験から描いて立体的表現に見せているのに対して、透視図法は柱の長さも、屋根の幅もちがう。これは視覚から見たもので、簡単にいえばカメラで撮ったようなものである。これは視覚だけを使うので、陰影法と同様に訓練がないと使えない。このような表現をわざわざ取り上げたのは、このあたりが子ども（児童、生徒を含む）の表現の限界であると同時に、人の自然な描画の限界であると考えたからである。

平行遠近法（20歳女子）

透視図法

これ以上の表現は発達上現れないことになる。つまり、子どもの特徴的表現もここで終わるということなる。

## 第5節 ● 子どもに特徴的な表現と芸術のつながり

　子どもに特徴的な表現としていろいろな表現を見てきたが、実はこれらの表現は大人も使っており、歴史的に見れば芸術家にさえその表現が見られる。輪郭線、同色塗り、平行遠近法などは通常の表現である。その意味では、子どもの表現といっても、人類の基本的表現方法ではないかと考えられる。それは、これらのいずれの方法も生活経験や体験がもとになっているからである。生活経験や体験こそ人間が生きることを通して、自ら学んだ知恵だからである。

　美術史でもいろいろと見ることができる。正倉院の鳥毛立女屛風、法隆寺の阿弥陀浄土図、似絵といわれる源頼朝像でさえ輪郭線、同色塗りである。源氏物語絵巻などは宮中の様子を建物の屋根を透かしたレントゲン表現を用いて描いているし、建物部屋はすべて平行遠近法である。信貴山縁起絵巻の建物なども平行遠近法である。春日曼陀羅は鳥瞰式構図、密教の曼陀羅は観面混合の表現になっている。ヨーロッパの印象派に影響を与えた浮世絵は輪郭線、同色塗り、平行遠近法の表現だらけである。わが国の美術はそんな表現であふれている。この事情は世界中の他の国も変わりない。

　しかし、15世紀のヨーロッパのルネッサンスで透視図法や陰影法という視覚だけを使う「技術」が発明されて写真のような表現ができるようになって変わった。この方法がスタンダードになり、鎖国中の日本にも18世紀には「技術」が入ってきて、印象派に影響を及ぼした浮世絵にも変化を与えている。一方、ヨーロッパでは写真機が19世紀に発明され、透視図法や陰影法の優位性は崩れ、そのため後期印象派やキュービズムの運動のような写実性を優先しない絵画運動が起こる。ピカソの描くキュービズムの人物は観面混合そのもので、一度大人になって子どもに戻ったような印象さえ受ける。このような流れをたどり、現代ではさまざまな美術思潮が並立する形になっている。子どもの絵と同様の表現方法をとっている美術品も非常に美しいし、人類の文化としてはとても高貴なものである。子どもの表現も子どもの稚拙な表現と見ずに、人類が共通にもつ表現方法と見てみれば、もっとおもしろいのではないかと思う。

## 第6節 ● 立体造形の発達を見る

### 1 ── 幼児期の「造形活動」

「造形活動」と聞くと、作品を作り上げていく製作活動のことを思い浮かべる、という人は少なくない。たとえば「不思議な動物」というテーマで作品づくりをする活動がそれで、テーマより思いつくものを各種の素材・材料に手を加え形にしていく活動の場合である。これは、思い描くものを工夫しながらつくり上げていくということにおいては「工作」のイメージに近い。

ところが、幼児期において「造形活動」という用語が使われる場合、単に製作の活動といった範疇に留まらず、もっと広い意味で「造形活動」が理解され用いられる。活動の結果として必ずしも有形の作品といえるものができ上がらなくても造形活動が成立するのである。丸めたり破ったりした大量の新聞紙に潜り込んで遊ぶ活動をした場合、それは結果的にイメージされた有形の作品がつくり出されるわけではない。子どもたちは、新聞紙に全身の感覚を働かせながら体ごとかかわることで、その質感、堅さ、重さ、温もり、感触などを感じ取り、特別な空間を満喫することになる。そして、こうしたものと触れ合って遊ぶ行為それ自体が造形活動と見なされるのである。

このように、幼児期の「造形活動」は、必ずしも製作的な作り上げる活動のみに限定されるのではなく、ものとかかわる遊びの行為をもその範疇に取り込み、より広い意味をもつ活動として理解されている。

### 2 ── 造形活動の二つのタイプ

#### (1) 二つの造形活動

それぞれの造形活動は、その部分部分の活動に目を向けると、切ったり、貼ったり、つないだり、つかんだり、さし込んだり、曲げたり、折ったり、丸めたり、破ったり、ものの質感を楽しんでみたり、並べることを楽しんでみたり、見立てることを楽しんでみたりと、ものとかかわる多彩な活動が含まれる。そして、造形活動では、そうした個々の活動が意図的に組織され展開されるのか、そうでないのかによっておよそ二つの異なったタイプの活動形態に大別される。「プラスの造形」、「マイナスの造形」と総称される造形活動である。

## （2）「プラスの造形」

「プラスの造形」は、まとまりの造形と換言されることもある。子どもが「○○をつくりたい」と思う場合、それを具現化していくためには、意図的に必要な活動を順を追って積み上げ組織的に展開することが求められる。紙を材料にして、お家をつくりたいと思う場合、画用紙からイメージする形を切り取り、折り曲げ、貼り合わせるなど、「○○をしてから、次に○○をして、その次に○○をする」という具合に完成までには活動を組み上げて一連のまとまりのある活動にすることが求められるのである。その結果としてお家という一個のまとまりある形をもった作品が誕生する。子どもたちは、ものに働きかけ加工することでもともとの材料にはなかった新たな価値を作品として生み出すことができたことに喜びや満足感を感じるのである。そして、このように、思い描くイメージに形をまとめていく方向で意識的に活動を組織し展開するタイプの造形活動が「プラスの造形」である。

## （3）「マイナスの造形」

「マイナスの造形」は、広がりの造形と換言されることもある。「マイナスの造形」ではものとかかわる活動が、意図的に組織されるのではなく、それぞれの活動がときどきの興味に応じてランダムに展開される。結果としてなにか有形のものができる場合もあるが、それは最初からイメージしてつくりあげたという類いの作品ではなく、活動の残滓であり結果としての作品である。砂遊びをする場合、お山をつくってみよう、お団子はつくれるかな、トンネルは掘れるかな、穴を掘ってみようかな、石ころを隠してみようかな、水をかけたらどうなるかな、手形はつくかな、容器に入れて型抜きできるかな、木の棒でなにか描けるかな、など、そのときどきの子どもの思いが活動になり、結果的に活動の終わりには「手形がつき穴のあいた砂山」が残っているのかもしれない。最後に現れるこの「手形がつき穴のあいた砂山」は子どもの活動の痕跡であり、あるいは作品とも見なすことができるが、これは意図してつくられたものではないのである。

子どもは、思いついたことを試したり、砂のザラザラした感触、固さ、重さ、温もりを楽しんでみたりと無意図的で羅列的な行為の広がりのなかで造形活動による経

砂場遊び

験を豊かにする。「○○をしてみよう、○○をしてみたら○○できるかな」という具合に、ものに対する興味のもち方で個々の活動は次々に広がり、それと同時に造形に関する経験の量や質をも高めていくのである。そして、このように、子どもそれぞれの興味や関心、好奇心をもとに無意図的にものとかかわる行為の活動が広がっていくタイプの造形活動が「マイナスの造形」である。

## 3 ── 造形活動の展開

　子どもたちは、活動を始めてから終わるまでさまざまにものとかかわりながら造形活動を進め、その過程において思いを形にし、あるいはものと直接触れ合いながら多様な経験をしていく。そういう造形活動において、思い描くイメージに形をまとめていく方向に進むタイプの活動が「プラスの造形」、興味や関心、好奇心によってものとかかわり、行為の活動を広げていくタイプの造形活動が「マイナスの造形」である。

　この二つのタイプの造形活動は、一方が製作活動、一方が遊びの活動ともいうべき活動系譜の違いがあり、一続きの造形活動のなかで両タイプの活動がどちらとも行われるという印象はない。しかしながら、実際の子どもの造形活動を見てみると、活動の最初から最後までを通して一つのタイプの活動のみで活動が展開するとは限らず、造形活動の流れのなかでいつの間にか活動のタイプが入れ替わってしまうケースがある。幼児期の造形活動では、ひと続きの造形活動のなかにおいても二つのタイプの活動が混在して行われるケースがあり、そうしたことが、幼児期における造形活動の特徴を表すことにもなるのである。

　活動の流れのなかでいつの間にか造形活動のタイプが変わってしまう活動例としては、多様なケースが想定できる。そのうちのいくつかのケースをモデル化し示してみる。

　①「マイナスの造形」　→　「プラスの造形」
　②「マイナスの造形」　→　「プラスの造形」　→　「マイナスの造形」→…
　　（繰り返し）
　③「プラスの造形」　→　「マイナスの造形」
　④「プラスの造形」　→　「マイナスの造形」　→　「プラスの造形」

①「マイナスの造形」→「プラスの造形」
　このケースは、活動の始まりではつくってみたいと思い描くイメージがあるわけではなく、ものとかかわる活動をしているうちに、つくってみたいも

のが思い浮かび、活動がそれに向けて展開される場合である。

このような展開の活動例としては、子どもがスライムに触れて感触を楽しむ遊びをしていると、スライムの色や質感からか、突然パフェをイメージし、今度は色の違ったスライムを透明の容器のなかに順に重ねていくという仕方で、お気に入りのパフェづくりを始めるといった活動の事例である。この活動の場合、当初のスライムと触れ合う遊びの活動が、それを使ってパフェづくりをする製作活動へと活動内容が変わって展開していることが分かる。

こうした展開の活動は、材料遊びを主にした造形遊びの保育のなかでしばしば観察される。

②「マイナスの造形」→「プラスの造形」→「マイナスの造形」→…（繰り返し）

このケースは、活動の始まりではつくってみたいと思い描くイメージがあるわけではなく、ものとかかわる活動をしているうちにつくってみたいものが思い浮かび、それをつくってみるものの、しばらくすると、また、ものとかかわる活動に戻り、そうしていると今度もつくってみたいものが思い浮かびつくってみる……と何度もそうした活動を繰り返し展開していくような場合である。

こうした展開の活動は、たとえば子どもの積み木遊びのなかでたびたび目にすることができる。最初、積み木を並べたり、高く積み上げたりしているうちにイメージが浮かび、塔をつくってみようと思いつく。だんだん高くなりイメージした塔が完成するものの、その後塔に興味をなくし、あるいは、なにかの弾みで塔が壊れると、また積み木を並べたり、見立てて遊ぶなどの積み木遊びをし、そのうち今度はバスをつくってみる……という具合に、新たに思いつくものをつくってみる。このように、遊ぶこととつくることとが何度も繰り返されながら造形活動が続けられていくのである。粘土のような可塑性のある造形素材や材料を用いる場合も、こうした展開の活動が起こりやすい。

③「プラスの造形」→「マイナスの造形」

このケースは、始めに思い描くものがありそれをつくろうと取り組むものの、いつの間にかものとかかわること自体に興味が移り、そうした活動へと活動内容が変わって展開される場合である。

たとえば、動物をつくろうとイメージし発砲スチロールに楊枝を刺す方法で発砲スチロールをつなぎ合わせていたところ、しだいに最初に思い描いた動物をつくることより楊枝をスチロールに刺す行為自体に興味が移り、次々に楊枝を刺して遊ぶという活動内容に変わってしまうといった活動事例である。

こうした展開の活動は、思い描くイメージを保持することが十分にできない場合や、思うことを実現していくために必要な、切ったり貼ったりという加工する能力を十分に身につけていない場合、あるいは、ものにかかわって遊ぶということ自体により強い興味や関心をもっている場合に起こりやすい。

④「プラスの造形」→「マイナスの造形」→「プラスの造形」

このケースは、活動の始まりには思い描くものがありそれをつくり始めるものの途中でものとかかわること自体に興味が移ってしまう。そうしているうち今度は最初とはまったく別のつくってみたいものが思い浮かび、それに向けての活動が新たに展開される場合である。

この事例としては、たとえば、紙皿とプラスチックのスプーンを使ってウサギさんをつくろうとして、紙皿のふちにスプーンを貼ったところ、なんだか貼ること自体が楽しくなってきて次々に貼り続ける。そうしていると突然ライオンのイメージが思い浮かび、今度は紙皿の周り全部にスプーンを貼りつけてそれを頭にし、その後、体と足としっぽを貼りつけ最後はライオンができあがる、といった活動である。始めに思い描いていたウサギは、活動を進めていくうちにいつの間にかライオンに置き換わり活動が展開していったのである。

こうした展開の活動は、思い描くイメージを保持することが十分にできない場合や、思うことを実現していくために必要な、切ったり貼ったりという加工する能力を十分に身につけていない場合、しかしながら見立てる力は身についてくる時期の子どもに起こりやすい。

## 4 ── 造形活動の発達

### (1) 立体造形の発達理解に向けて

描画表現においては、たとえば「頭足人」「基底線表現」といった発達過程に登場する極めて特徴的な表現様式が種々ある。ところが、立体造形に関していえば、それらに相当するような発達の指標ともいうべき特徴的な表現様式は見当たらない。立体の造形においては、描画表現における「頭足人」のように、子どもの発達過程を顕著に示す定式化した表現様式というのは存在しないのである。その要因としては、立体造形に備わる特性が大きく影響している。

描画表現の場合、三次元である対象や空間をどのように二次元の紙の上に表していくか、そのための工夫の仕方が描画表現様式の発達と深く関連している。ところが、もともと三次元の立体造形の場合、そうした意味での工夫

の形跡は作品には反映されない。また、描画表現では、描く活動によって描画作品が生まれるという意味において、描く能力の発達が直接的に描画表現に結びつき、そうしたことが共通した描画の表現様式を生む背景ともなっている。それに対し、立体造形では、切ったり、貼ったり、つなげたり、という各種の活動の結果として作品が生まれる。立体表現は、さまざまな活動が総合的に組み合わさって成立している側面がある。しかも、使われる素材、材料は多様性に富む。それによって生まれる立体造形は、活動の組み合わせ方、材料の選び方、用い方、各種活動の活動能力の少しの違いによっても多種多様となる。立体造形に特有の表現様式が生まれない一因には、そうした多様性があると推察される。

したがって、立体造形の発達は、子どもたちのつくった作品のなかに現れる特徴的な表現様式を読み取るというのではなく、それとは異なった別の視点での理解が必要となる。その着目点としては、「立体造形はどのような子どもたちの活動を経て生まれているのか」という立体造形の生成過程における子どもたちの活動への注目が有用となる。その際、子どもたちの行う造形活動の仕方には、「プラスの造形」「マイナスの造形」と異なった二つのタイプの活動形態があるということを意識し、その成り立ちについて検討することが、立体造形の発達理解に向けての手掛かりとなる。

## (2)「プラスの造形」と発達

写真1、2は、保育所5歳児クラスの女児のつくった「うみのおしろ」と題された作品である。この作品の最大のアピールポイントは、お城の屋根に丸い形をした貝殻をつけたことであり、そうすることで「海のお城ができた」と女児は出来栄えにすっかり満足した様子であったということである。

この作品の製作手順を追ってみると、まず画用紙を加工して床面にあたる箱をつくり、さらに同じ手法で床面より小さめの箱をつくって片方の壁面に、

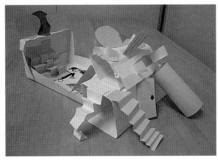

写真1

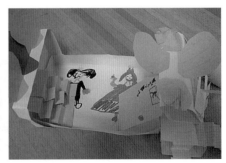

写真2

もう一方の壁面は大きさの異なる筒状の箱を二つ積み重ねて壁面とすることでお城の外形の大枠をつくっている。そのうえで、両壁面の上に貝をイメージしてつくった丸い形状の「貝の屋根」をいくつも貼り、また、形状の異なるいくつもの階段、ドアを貼り合わせ、箱のなかには王子様とお姫様を描き加えることで完成している。

　この作品の製作過程を振り返ると海のお城をつくりたいという想いをもとに、意図的に必要な活動を組織し、順を追って活動を積み上げることで完成していることが分かる。この作品は、つくってみたいと思い描いたイメージを形にまとめていくタイプの活動である「プラスの造形」活動が、最初から最後まで活動を通して継続して行われることによって生み出されたのである。

　こうした活動が、たとえば2歳の子どもにできるかと問われれば、それは難しいということになる。この例では、まずテーマをもとにつくりたいイメージを決め、そのイメージ実現のために順を追って活動が続けられた。完成するためには、テーマによるイメージを保持しながら、○○してから、○○するという具合に順に素材を加工する活動を積み上げていくことが必要となる。2歳の子どもは、そうした作品をつくるために必要な個々の素材を加工する能力はもとより、テーマをもとにイメージ構成をするということだけでも容易ではない。思い描くイメージをもち続けながら活動を通して最初から最後まで意識的に活動を組み上げていくタイプの「プラスの造形」ができるようになるには、個人差はあるものの4〜5歳になるのを待たなければならないのである。

### （3）「マイナスの造形」と発達

　子どもたちは、興味や好奇心により無意図的に行為の活動を広げる「マイナスの造形」の活動をしていくなかでさまざまなことを経験し、習得していく。五感を働かせ、ものとかかわる経験をしていくなかでものの性質を知り、また、思いついたことを試していくうちに手や指の使い方も習得していくのである。

　こうした、ものと触れ合う活動は、すでに0歳の乳児期から始められる。たとえば、0歳児では、「まわりにあるものは何でもつかみ、口に入れ、振ってみたり、落としてみたりして、自分の感覚を頼りにものの性質を確かめる遊びをする」[1]ことが観察される。単にものとかかわる行為を造形活動ということができるなら、0歳の乳児期からすでに造形活動は始まるということができる。主体的な意志をもつ自我の形成が造形活動の前提というならば、0歳の乳児期はその萌芽の時期という言い方もできる。いずれにしても、も

のに働きかけ全身の感覚を通してものとかかわり合う行為の活動である「マイナスの造形」は、すでに0歳の乳児期にその原型の活動が始められるのである。

### （4）造形活動の発達─「プラスの造形」「マイナスの造形」より─

　このように、見てくると、「プラスの造形」「マイナスの造形」という二つの異なったタイプの造形活動は、それが行われるようになる時期には違いがあることが分かる。興味や好奇心に基づき行為の活動が無意図的に広がる「マイナスの造形」タイプの活動は、すでに0歳の乳児期にその原型を見ることができる。意識的に形をまとめていく方向で展開する「プラスの造形」タイプの活動がひと続きの造形活動を通して行えるようになるのは、4〜5歳の幼児期になってからである。

　乳児期にその原型が見られる「マイナスの造形」タイプの造形活動が、ある時期に「プラスの造形」タイプのみでの造形活動を行えるようになるという、活動内容の変移は、遊びによる行為の活動から意識的な製作の活動へと造形活動が質的に転換することを意味する。このことは同時に、造形活動の発達の推移を表している。初期の造形活動は、行為の活動によってものを知ると同時に手や指の動かし方などさまざまなことを経験し習得する時期であり、ある時期から、それらは統合され組織的に活動が行えるようになり、イメージした立体造形をつくることができるようになるという造形活動の発達過程の大要をこれにより意識できるのである。

　もっとも、初期の「マイナスの造形」タイプの活動が、ある時期に「プラスの造形」タイプのみでの造形活動ができるようになる際、その移行はある一時期を境に突然移行してしまうというのではなく、移行する過程においては前項に示したような両タイプの活動が混在して展開する時期を経てからのことである。また、造形活動でおもしろいのは、「プラスの造形」による製作の活動ができるようになると「マイナスの造形」がまったく行われなくなる、ということはなく、その後においても「マイナスの造形」タイプの造形活動は引き続き行われ、幼児期の造形活動のなかで両タイプの活動は併存して引き続き行われるということである。

## 5 ── 遊びの広がり─「マイナスの造形」の活動様式─

　子どもたちは興味や関心、好奇心によってものとさまざまな仕方でかかわり合いながら遊びを展開する。0歳児では、「まわりにあるものは何でもつ

かみ、口に入れ、振ってみたり、落としてみたりして、自分の感覚を頼りにものの性質を確かめる遊びをする」[2]ことが観察された。幼年期になるとものとのかかわり方は、乳児期のそれよりも一層多様になり、遊びの幅が広がっていく。幼年期の遊びを見てみると、種々多様な遊びのなかにも遊びの活動様式とも呼べるいくつかの特徴的な活動パターンがあることが分かる。たとえば、それは段ボール箱を用いた遊びのなかにも見つけ出すことができる。

　段ボール箱遊びをのぞいてみると、ある子どもはコンコンとたたいては音を楽しみ、ある子どもはなでてすべすべの感じを楽しみ、ある子どもは段ボール箱にもぐり込みそのなかにいるだけで満足げな表情を見せ、ある子どもはトンネル遊びをして喜び、ある子どもはいくつも並べたり高く積み上げて遊び、ある子どもは並べて楽しむだけでなく、それを電車に見立てて運転手やお客さんの役割分担を決めてごっこ遊びをし、ある子どもは段ボール箱を車に見立てて「ブブー」という声を発しながらごっこ遊びをして楽しんでいる、といったように実にさまざまな様子を見渡せる。

　どれも一見無邪気で子どもらしい段ボール遊びの様子であるが、これらの遊びに注目すると、同じ段ボールを用いていても段ボールとのかかわり方にはそれぞれに方策の違いがある。「なでてすべすべの感じを楽しみ」に見られる感触の活動、「もぐり込み」に見られる空間の活動、「並べて楽しむ」に見られる構成の活動、「車に見立てて」に見られる見立ての活動である。

　こうした活動のパターンは、実は非製作的な行為による造形活動である「造形遊び」の活動要素とも重なりをもつ。そして、こうした活動のパターンを有する活動様式が「マイナスの造形」タイプの造形活動に取り込まれることによって、幼児期の造形活動は一層多様な広がりをもつのである。ここに見られるおもな遊びの活動様式を整理してみると次のようになる。

　①感触の活動様式
　②空間の活動様式
　③構成の活動様式
　④見立ての活動様式

**①感触の活動様式**
　子どもは、ものと多様なかかわり方をしながら遊びの活動を展開する。そうしたなかでもの自体に関心を向け、それにいろいろな仕方で働きかける行為を通してその性質を理解しようとする遊びの活動は、造形活動においてもっとも原初的な活動形態である。このプリミティブな形式での活動は、す

でに自我が誕生する以前の乳児期に始まり、その後、年齢を重ねても常に子どもの造形活動の場で繰り広げられることになる。

　子どもたちは大人に比べてはるかに好奇心に溢れている。年齢を問わず、目新しいものや、興味をもったものを目にすると、それへの働きかけのなかで視覚、触覚、聴覚、臭覚、運動感覚など全身の感覚を呼び起こしながら、ものとかかわり合っていくことでその特性や性質を知ろうとする。段ボール箱遊びの例では、コンコンとたたいては音を楽しんでみたり、なでてすべすべの感じを楽しむといった活動の様子を紹介した。このように、子どもたちは自分のもっている方法と能力を駆使してものと向かい合い、その特性を知ろうと試みる。そうした遊びの営みが感触の活動様式である。

②空間の活動様式

　子どもたちは、興味をもった空間があると体ごと思いっきりそこにかかわり合って遊びを繰り広げる。たとえば、保育室中に紙テープが張り巡らされていると、子どもたちは大喜びでそのなかで体をくねらせ、あるいは床を這いながら、行ったり来たりを繰り返して遊び回る。段ボール箱遊びの例では、ある子どもは段ボール箱にもぐり込み、そのなかにいるだけで満足げな表情を見せ、ある子どもはトンネル遊びをして喜んでいる様子を紹介した。幼児期になると、子どもたちは、ものによって生み出される特別な空間を意識し、その空間に体ごとかかわり合っていくことで、遊びの活動を展開するようになるのである。

　このように子どもは、遊びの活動のなかで、もの自体の特性に関心を向けるのではなく、ものが生み出す空間に関心を向け、行為の活動を通して体全体で空間とかかわり合うことで遊びが展開する。そうした遊びの営みが空間の活動様式である。

③構成の活動様式

　子どもは2歳頃になると、手や指を比較的うまく使えるようになり、自分の意志でものを並べたり積み上げたりするなど、ものに働きかけて遊ぶことができるようになってくる。段ボール箱遊びの例では、並べたり高く積み上げたりして遊ぶ活動を紹介した。ものを並べる、積み上げる、組み合わせるといった構成による遊びの活動は、ものとものとの関係づけから生まれる活動である。本来、個々のもの同士はそれぞれに独立していてなんのつながりもない。ものとものとの関連を意識し、意図的に個々のものを操作し関係づけの働きかけを行うことによって初めて並べる、積み上げる、組み合わせるといった遊びの活動ができるようになるのである。並べる、積み上げる、組み合わせるといった構成活動は、行為によってもの同士を関係づける、とい

う仕方で子どもがものにかかわり合うことで遊びが展開する。そうした遊びの営みが構成の活動様式である。

#### ④見立ての活動様式

2歳頃になると、子どもはものを見立てる能力である「表象」の能力を身につける。積み木を動物や乗り物など思い思いに見立てて遊ぶことができるようになる。段ボール箱遊びの例では、並べた段ボール箱を電車に見立てたり、車に見立てて「ブブー」という声を発しながらごっこ遊びをする様子を紹介した。見立てによる遊びの活動は、イメージをものに投影することから生まれる活動である。積み木はそのまま見れば木切れでしかない。それを飛行機と見なすことができるというのは、自分の想い描いたイメージをものに投影するという働きかけを行うことによって初めて見立てによる遊びの活動が発現するのである。見立ての活動は、見なすという仕方で子どもがものにかかわり合うことで遊びが展開する。そうした遊びの営みが見立ての活動様式である。

---

● 「第2章」学びの確認
①乳幼児からの造形活動の連続性が見えてきましたか。
②感覚の用い方が大人と子どもで違うことが理解できましたか。
●発展的な学びへ
①個々の子どもの成長過程の違いを理解し、表現活動に無理な要求をしない保育者になるためには、どのようなことに配慮すればよいでしょうか。
②感覚の用い方の違いから、材料、用具など工夫し、既成の道具、用具だけでなく、身の回りのものすべてを表現活動のなにかに使えないか、話し合ってみましょう。
③子どもの表現活動を一緒になって楽しめる保育者になるためにはどんなことが必要でしょうか。

---

#### 引用・参考文献

1）加藤義信編『資料でわかる　認知発達心理学入門』ひとなる書房　2008年　p.36
2）同上
3）ローウェンフェルド,V.（竹内清・堀ノ内敏・武井勝雄訳）『美術による人間形成』黎明書房　1995年
4）鬼丸吉弘『児童画のロゴス』勁草書房　1981年
5）花篤實・辻正宏『0〜4歳児の造形』三晃書房　1987年
6）日本子ども学会ホームページ
　http://www.crn.or.jp/KODOMOGAKU/library/12.html

●○● **コラム** ●○●

## 子どもがもっとも成長するとき

　幼児が食事をすると食卓が汚れる場合が多いが、これは幼児の食事の技術が稚拙であるだけではなく、多くの場合、食べ物で遊んでしまうために起こる。手で触ることから始まり、食べ物を並べて形にすることもある。なかには、食べながら寝ている幼児もいる。

　寝るといえば、幼児の睡眠を観察してみると、寝ている間も動いていることが観察される。布団が続く限り動き回るといった方が適切である。このような幼児の睡眠を見ると、寝ている間も動き回っていると表現した方がよい。

　しかし、一見無駄に見える睡眠中の動きにも、実は意味がある。人間は昼間太陽に当たって成長するのではなく、実際に身体が大きくなるのは寝ている間が一番なのである。使うところはよく発達するというが、寝ている間に全身運動をするのだから身体のそれぞれの部分がよりよく発達するともいえる。このように幼児の生活は寝ている時間を含めて、すべて遊びと関係しているといえる。

# 第3章 表現を育てる環境

◆キーポイント◆

　この章では0歳からの造形環境を学ぶ。造形環境といっても絵を描いたり、製作したりする材料の置き方や準備の仕方だけを学ぶわけではない。幼児がどのように発達し、育っていくかをよく理解したうえで、造形活動がどんな役割を果たしているのか、育ちのどの部分に影響を与えているのかを学んでおかなくてはならない。
　とくに表現を育てる環境は「幼児期の終わりまでに育ってほしい姿」と密接に関係しているため、保育者の工夫と園全体の取り組みが必要である。同時に見ること、聞くこと、触ること、味わうこと、匂いをかぐなどのさまざまな感覚が「非認知能力」育成の基礎であることを知らなければならない。さらにそうした感覚が体のなかで統合できるためにも材料や用具を工夫し考えて、準備することが大切である。同時に、保育者も大きな環境の一部であることを認識しながら、幼児の動きや材料の安全性、保護者との連携をも視野に入れることが大切である。

## 第1節 ● 0、1、2歳児の造形環境

### 1 ── 身体と環境──乳幼児は未熟──

#### (1) シナプスの働き

　人間は非常に複雑な環境に体を包み込まれている。自然環境だけでなく、社会という複雑な環境がそれである。人間はいろいろな組織を作り上げてきた。家族であり、地域であり、国であり、そして世界は複雑な編みの目として組み立てられている。加えて架空の環境も織り込まれてきている。映像であり、情報ネットがそれである。しかし、こうした世界のなかで新生児は、非常に未熟な状態で誕生してくる。そして子どもの可能性は、まさにその未熟さにある。人間は、生まれながらに喜んだり、笑ったり、ものを考えたりできるのではない。生まれたばかりの新生児でその体重は約3000g、脳神経の細胞は約100～150億個と推定されている。器官としての肉体は成人とほぼ同じようにできあがっている新生児も、シナプスの結合によってつくられる脳内の神経細胞ネットワークはまだできあがっていない。他の動物なら、新生時からシナプスはほとんどできあがっているから、すぐに立ち上がって食事を求めて乳を飲むことができる。人間の新生児のようにただ泣いたり眠っ

たりしているのとは大きく異なる。しかし、人間は生まれてからの環境刺激によって、数百から数万のシナプスの結合が急速に始まる。3歳までには脳の80％は完成され、さらに6歳までには90％のシナプス結合が行われるといわれている。乳を求めることも、笑うことも、喜ぶ心も、そして考えることも人間は生まれた後に獲得する。この後もシナプス連合といわれる脳内情報の配線図は、他の動物に見られないほど複雑に発達していく。特に生後から0、1、2、3歳までは急速に増加する。このように人は感覚、運動を司る脳においてまったく未成熟な状態で生まれてくる。そのことを知ることが保育の出発点である。

### （2）身体と個性

脳の働きが急速に発達していくこの時期、同じように感覚機能も急激に発達する。生後6か月までの乳幼児の感覚機能は「見ること」と「聞くこと」を中心に、環境刺激によって作り上げられていく。

なにが嫌でなにが心地よいか、この時期から幼児の環境に関する判断が築かれる。5か月を過ぎると、さらに心的な表出が見られるようになる。手足は盛んに宙を蹴り、腕を支えに頭をもち上げるようになり、自分の意思で身体をコントロールするようになる。環境から受ける個々の乳児における感覚の違いが、人間の個性や性質さらにアイデンティティ（identity ＝個性、同一性）へとつながっていくのである。こうしたすべての発達は当然一様ではない。時代の違いや幼児の与えられた環境の種類によって異なっていく。したがってシナプスの結合期に大きな影響を与えるのが周りの大人である。園において、個性の芽生えるこの時期に一番大切な環境は深い愛情をもった保育者である。

乳幼児の発達に大人のかかわりはとても重要

## 2 ── おおむね0、1、2歳児の造形環境が育むもの

### （1）おおむね0～1歳児への造形環境

0歳児はおもに人とのかかわりのなかで感覚機能を発展させていく。造形に関しても、周知のように0歳児に絵が描けたり、粘土遊びができたりする

第3章●表現を育てる環境

わけではない。この年齢では感性の基礎である感覚を発展・統合することが大切である。健康や安全面での環境はもちろんだが、保育者の言葉やしぐさが乳幼児にとってはもっとも大切な環境なのである。視覚や聴覚によって音の違いや人間の表情の違い、動きの違いを見分けられる感官を発達させることになる。違いを認識できる視覚や聴覚そのものの発達がなければ、豊かな感性の獲得には至らない。

　乳幼児が這う時期には、身体のバランスを考慮した安全な、上り坂や下り坂を保育環境のなかで利用するようにする。つかまり立ちを始める頃には、支えとなるベッドの手すりが、伝い歩きをする頃には壁や柵が幼児の動作を補助する環境となる。乳幼児には、吊り下げおもちゃのベッドメリーや玉ころがしなどは見つめ続けることができる大切なおもちゃといえる。見つめ続けることは、待つことができる子どもを育てる重要な要素である。したがって、乳幼児にとって苦手といえる待つことを育てるには、見続けられる手作りおもちゃや保育室での装置など環境の整備などが必要である。またカタカタ車やダンボールの家を設置することで乳幼児とコミュニケーションが取りやすくなり、言葉による伝え合いには効果を発揮させることができる。

## （2）おおむね1～2歳児の造形環境

　この時期、行動範囲が一挙に広くなり、身体のバランスも確立していく。十分な運動と感覚の統合が必要な時期である。感覚の統合は、視覚や聴覚の感官の発達と同時に、触覚や味覚、嗅覚などの発達により一層体に定着されていく。言葉も喃語から二語文へ急速に発達して、より高次の言語獲得が行われる。したがって、保育者はこうした感覚を十分に刺激できるような、内容の環境づくりに寄与することが求められる。画用紙からはみ出た線を、目で追いかけながらしだいに画用紙内で絵が集結できるように、手や腕をコントロールする力もこの時期についてくる。

　忘れてならないのは、こうしたなかで育まれる握力や身体のバランスが、3歳以降の描画や製作活動に大きな影響を及ぼすということである。握力がしっかりついていない幼児に、筆圧のしっかりとした線は描くことはできない。筆圧は描画のみで獲得できるもの

子どもが挑戦しようとする姿を尊重し、見守ろう

ではなく、日常の遊びのなかでしっかりとものを握れる力の育成が必要となる。

## 第2節 ● 3歳児の造形環境

### 1 ── おおむね3歳児の造形環境が育むもの

(1) おおむね2～3歳児の造形環境
①身体と両手のバランス
　乳児から幼児体型に体も成長していく。指先も使えるようになり、言葉もはっきりとしてきて、二語文も自在に使えるようになる。遊びも一人で遊べるようになり、造形面での発達も著しくなる。手先や指先が使えるようになるが、こうした時期に保育者が気をつけておきたいことは、生活面でも造形面においても高度な課題を与えないことである。保育者は無理に表現イメージを押しつけることなく、卒園までに「伸びしろ」＝「成長していく可能性」をしっかりとつけさせることである。
　描画では身体全体や肩を使っての運動的な活動が行えるようになる。保育者は、利き手と反対の手でしっかりと紙が押さえられることや両手のバランスなどに気を配りたい。コンピュータを使う描画や壁への描画は両手を必要としないが、小学校以降の生活や学習のなかでは紙を押さえて字や図を書くことが求められるようになる。そのためにもこの時期に手先の力の入れ方や両手のバランスなどを的確に獲得させたい。今の子どもたちは、テレビやテレビゲーム、映画など縦の画面に接する機会は多いが、コマやビー玉遊びといった大地と平行で遊ぶことは少なくなっている。平面に即した視覚経験や遊びも、日頃の造形環境として意識して取り入れるようにしたい。またハサミなどの道具を最初に使う時期でもあり、その子どもの利き手に合うなど適切な道具を選び設置しておくのも保育者の仕事である。
②ひとり遊びに適した環境
　この頃、幼児は自分が与えられた材料や遊び道具にこだわるようになる。このことはとても大切なことであるからそっと見守ってあげたい。そして、物事に関して自己の価値観も明確になる。造形面では好きな色や好きな材料も自分で判断するようになる。そして、自分でできることが楽しくなってくる。したがって、子どもたちが自分で材料や色などを選べるような造形環境が必要となる。いちいち先生に聞かないと材料が出てこないのでは、せっか

くの自立心の芽生えに水を差すことになりかねない。たとえば、いつも同じ場所に同じ材料用具が置いてあることも、子どもを混乱させないことになるであろう。この時期の設定保育も、テーマが変わるたびに材料の位置が変わることは避けることが必要である。

　いくら社会性が芽生えてきたとはいえ、本格的な共同作業はまだできない。大型の積み木のように、友だちと一緒に運ばなければ遊べない遊具などの必要性は低い。できる限り幼児が自分で選択できるような材料用具の整理と配置を、保育室での幼児の動線などの研究を考えて決めておくことが大切である。

## 2 ── おおむね2〜3歳児の描画環境

### (1) アニミズム（animism）描画

　アニミズム描画とは無生物にも人間と同じように生があり、人間のように感じたり、考えたりすると信じる心の働きのことを指す。太陽や花にも目鼻を描き、話しかけるように描画することがある。自分と他人、自分と環境の境がきっちりと認識でき始めるが、精神的にはまだ未分化で自己中心的になりがちである。

　また、描いたものに自ら名前をつける時期である。以前は周りから聞かれることによって初めて描かれたものに命名していたが、この頃になると積極的に描画に意味や名前をつけ出す。また、手の運動や脳の発達も著しくなる。この時期には、身体のバランスや心のバランスを考慮した教材や内容が必要になる。

### (2) 概念画の誕生

　描くことによって環境を認識し、フォルム（形態）を概念として内在化できる時期でもある。これはたいへん大切なことで、絵が単なる表出だけでなく、コミュニケーションの媒体となっているのである。そして、幼児が作り出した記号は、彼らの知恵の一端であり知識が生まれるもとになる。一方で非認知能力の育成も必要ではあるが、周囲の事物を認知することはこの時期充分に延ばしたい能力である。したがって、保育者や友だちとかかわりのもてる描画環境が必要となる。

　頭足人（頭から手足が生えている人物表現）はそうした理由で、人物の概念を記号化し、幼児が獲得した人間のイメージが身体に定着した結果なのである。多くの記号もこのように言語の代わりをする。そして、一旦定着する

とその記号は案外ぞんざいにあつかわれ、ときには描画行為が乱暴に見えることがある。でも、それは子どもたちが概念を獲得し自由に使いこなせるようになった証拠でもある。

　この時期の概念画を否定する声もあるが、幼児の発達にとっての概念はアイデンティティ（自己確立）の成立にも非常に大事なことだといえる。

## 第3節　4歳児の造形環境

### 1　おおむね3〜4歳児の造形環境が育むもの

#### （1）社会性の芽生え

　3歳児から4歳児にかけては、言語能力も活動能力も活発化し行動範囲も広くなり、想像力もしだいについてくる。こうした知能の働きから社会性の意識も芽生え始め、基本的な生活習慣も確立してくる。友だちと遊ぶこともできるようになり、他人の痛みや、悲しみも分かるようになる。そ

「一緒」の楽しさがわかり始める

れでもまだまだ自分が中心であり、一人で遊びに集中したり、夢中で絵を描いたりすることが多く、こうした機会を十分に体験できるよう保育内容を考えて環境を作るようにしたい。

　一方で、なにもないところからイメージを作り出せる能力はまだ十分に発達していないため、「遠足の絵」や「お話の絵」なども、なにもないところから想像して描くのは困難といえる。

#### （2）豊かな経験が子どもたちに自信を与える

　「大きい」「小さい」や「長い」「短い」の直感的な概念も成立し始める。それに対する評価の概念や比較し判断を下すというレベルではないが、「大きいのがいい」「短いのがほしい」と材料を要求する様子はよく見られる。この時期に体験したことは強くイメージとして定着する。いろんな経験を通じて獲得した技術や方法は、忘れずに次の段階につながるものである。

4歳になると「好き」「嫌い」から「良い」「悪い」「うまい」「へた」のようにものの評価がより強まり、周りと自分の関係や自分の位置なども気にするようになる。こうした周りとの関係は、人間として必要なものである。いろいろな経験ができるように配慮された環境は、子どもたちに自信を与える源となる。

## 2 ── 立体造形と描画環境

### (1) 感覚遊びと造形

　造形の遊びにおいて、しだいに思った形や色が使えるようになってくる。以前はただ押しているだけの手形やスタンプ遊びも、自分の意図した形や色を使えるようになってくる。手形を魚や昆虫に見立てることができるようになると、意図してそれに目をつけたり、口を追加したりする。この時期の幼児は、とくに人間を含む生物全般に興味を抱く。ボタンや手芸用品など、目になりそうなものを日頃から用意しておくとよい。

　粘土も単なる感覚遊びを経て、しだいに立体として立ち上がってくる。抽象的な形に意味を見いだし始めるのもこの時期である。「○○みたい」とか「○○にしよう」などと自分の作りたいものが抽象的な形から引っ張り出されることもある。このような造形の発達を保障するためには、ある程度の大きさをもった土粘土や油粘土などが必要となる。あまり量が多くても扱いきれないため、量は10cmか15cm四方の立体ぐらいが適当であろう。

　水も貴重な造形環境である。砂場の近くにはぜひ水場を作るようにしたい。砂と水は幼児にとって、感覚遊びから造形遊びにつなげる格好の材料である。水で固めた砂のもつ不安定な塑性(そせい)は子どもたちの集中力と持続力を養う。また、水遊びや泥遊びができない幼児には、大胆なフィンガーペイントなど汚れることを嫌う傾向が出てくることがある。

### (2) 画用紙は四角だけではない

　前述したように、イメージが豊かになってくるが、なにもないところから想像できる年齢ではない。周りの環境に大きく影響されるのと同様に、画用紙の形態からも影響を受け

保育者の一つひとつの工夫が、子どもたちの表現の喜びにつながっていく

る。三角の画用紙からは三角形が生まれやすいし、丸い画用紙からは丸いものが描画されやすい。このことから、保育者は画用紙の形も工夫したい。ときにはイメージしやすい形の画用紙を準備するのも有効な手段である。お皿の形の画用紙はその上にケーキやスパゲティあるいはカレーなどをイメージしやすいし、喜んで描画するきっかけにもなる。

## 第4節 ● 5歳児の造形環境

### 1 ── おおむね4～5歳児の造形環境が育むもの

#### (1) 自己意識の確立

まず、4歳児から5歳児にかけての時期は、これからの発達の土台となる重要な時期であることに注意したい。無論それまでの成長発達の基礎の上に成り立っていることはいうまでもないが、心理面でも想像力の発達が目覚しく、空想的な思考もできるようになる。社会とのかかわりも積極的になり、他人との距離感や他人と自分との違いについても意識するようになる。「○○ちゃんは絵がうまい」とか「ボクは絵がヘタ」という発言をしたり、意識したりするようになる。運動面でも身体のバランスが急速に発達し、運動能力も見違えるほど高くなる。反面、個々人の能力差もはっきりと見えるようになり、できる・できない、成功・不成功などの評価も個人でできるようになり、友だちと自分の違いを知ることになる。4歳から5歳は、このように自己意識が確立する重要な時期なのである。

#### (2) 自分で遊ぶ環境

4歳児を過ぎると、ものの比較や行動に加えてイメージもますます豊かになってくる。単なる見立て遊びやつもり遊びから、友だちや保育者を交えてごっこ遊びができるようになる。遊びでの「役割」が理解できるようになるのである。たとえば、3歳では最初にもったイメージに執着する

ごっこ遊びを思いきり楽しみたい

傾向があるが、4歳児を過ぎると場面によってイメージを変化させることができるようになる。「今はぼくがお父さんの役だけど、次は子ども役だ」とか、「おもちゃ屋さんの次はお客さんになる」といった具合に遊びの場面が認識できるようになるのである。こうした役割の変換は非認知能力を養成する代表的な方法であり遊びである。

イメージが豊かになってくると表現もそれに引っぱられるように多彩になる。材料も大きさや形を比較できるようになり、自分で選択できるようになる。そこで、自由時間に幼児が自主的に選択して材料用具が取り出せる工夫も大切となる。マーカーや色鉛筆、折り紙や厚紙など同じ用具でも、表現したいものの違いによって用具も比較し考えながら自ら選択できるような環境を配慮したいものである。また、失敗したことから学び取れる年齢でもある。自分でやり始めて自分で終われることは、自主性の芽生えであり、始まりと終わりを自分で決められる行為が「遊び」であるとすれば、「遊び」は自主性を育てるもっとも近道であるといえる。

## (3) 自ら作る空間

4歳児は自我も芽生えてくる。好き嫌いもわかるようになり、それを相手に向けて発信できる年齢である。反面、周りの友だちや大人の様子も意識するようになり、いわゆる社会性の芽生えが始まる。友だちと一緒に遊んだり、自分の思いを伝えたりしながら共同性を身につけ始める時期でもある。

したがって、友だち同士の会話からイメージが拡大できるように、少し大きな積み木や段ボール箱などが保育室にあると遊びが発展しやすい。3歳児ではできなかった友だちとの遊びの構築や、遊びの空間も自ら積極的に行えるようになる。大小の関係や長短の関係も言葉と対応しながら使えるようになり、「ここにはもう少し大きな積み木が必要だ」とか「長い棒がいる」と指示もできるようになる。いろいろな材料を組み合わせて、空間構成ができるように安全で、使いやすい材料や用具を整理して配置したい。保育者は、子どもが自ら遊びの空間を作るきっかけとなるように保育環境を整えることが大切である。

「これはどうしようかなー？」

## 2 ── おおむね5〜6歳児の造形環境が育むもの

### （1）内から外への表現

　体型はしだいに「成人」に近づいていく。手足も長くなり、性差も意識されるようになる。手先も指先も細かく自由に動くようになると道具も楽しんで使えるようになる。ルールなども理解できるようになり、版画や製作の順番や翌日へもち越した描画の継続も可能になってくる。言語の面では、推理したことや理解したこと、想像したことなど内言語化したものをうまく伝えることができるようになる年齢である。

　内在化した言語を自由に外に向かって表現できることは、「お話の絵」や「記憶画」などが楽しく描けることにつながる。また、それまでは保育者の助けや助言がなければ描けなかったイメージ画は、5歳までの豊富な体験と経験があれば進んで描けるようになる時期でもある。

### （2）科学的な遊びを支える造形環境

　この年齢になると理論的で科学的なものにも興味が出てくる。動く仕組みや光と影、空を飛ぶものや水に浮かぶものにも興味を示し、また、磁石のように不思議な物質に触れることも大好きである。したがって、上記の材料を使ってこのようなものを材料に保育内容を組み立てるのも大切である。動くおもちゃを製作するとき、ビー玉のように坂を転がるものを準備しておくことなどが動機づけにはよい材料といえるであろう。風を利用した風車や凧で遊ぶことは子どもにとってもたいへん楽しいことである。保育者はすべての子どもが満足のいくように、しっかりと教材研究をしておきたい。まずは子どもに科学的なものや状況に楽しくかかわる体験をさせてあげたい。

　自由時間に自分から科学的な遊びができるように材料・用具を提供しておく環境が大切となる。このことは色水遊びのような色遊びにもいえる。設定保育以外に自由に色水遊びができることによって、5歳児の科学的関心はますます高まっていく。

　イメージを広げるための資料利用もできるようになる。絵本や紙芝居を読んで想像力を広げるほかに、保育室などにそのときのテーマにあった絵や写真を展示しておくことも考えてみよう。また、友だちや保育者との関係も幅広くなり、深まっていくなかで気づいたり、学んだりするために幼児の絵や作品を展示することも重要である。これらのことは、造形に適した運動能力も高めていくことになる。

　絵の具などが使えるようになるが、自分の希望する色を混色で作り出すこ

とはまだ困難である。「おいも」の色や「花の色」など混色が必要な場合は、保育者が準備した色と併用して用いる方がよりイメージを広げやすい。

---

● 「第3章」学びの確認
① 0歳児にとって、どのような造形環境が必要なのでしょうか？ また、身体の発達は個性とどのような関係があるのでしょう。
② ひとり遊びに適した環境とはどのような環境でしょうか。
③ 4歳児から5歳児にかけての発達と、それに即した造形環境とはどのようなものでしょうか。

● 発展的な学びへ
① 0歳児の保育に必要な保育者の援助について、造形面から考えてみましょう。
② 小学校を迎える前の教育として、造形遊びが必要な理由を保護者にどのように説明しますか？

---

●○● コラム ●○●

## エコロジーと造形

　造形活動のなかで、ものを消費するのは当たり前のように考えられている。しかし、ここで少し立ち止まって考えてみる必要がある。多くの紙も、描画材料も、またそれに伴う補助材も多くの資源が用いられている。そうした資源を大切に使う観点は、これからの子どもたちの日常にも欠かせない観点となるはずである。エコロジーの要素は、日頃の保育を通じて用いられるべきだが、同時に多くの材料を使用する造形表現にも適用されなくてはならないであろう。むろん画用紙などの無駄遣いをなくすのもその一つではあるが、積極的にエコロジーの観点を造形にもち込むことも大切だと考える。

　色水遊びの水を「汚れたから」といって捨てるのではなく、どのようにしたらきれいな水にして元に返してあげることができるのかといった工夫も保育者には大切になる。たとえば、ペットボトルに、砂、石、消し炭を積んで簡単な濾過装置を作り、幼児の使った泥水を上から注ぐと、きれいな水が出てくる。そのときの幼児の驚きは、エコロジーへの関心につながっていくだろう。

# 第4章 表現を育てる保育者の指導・援助

◆キーポイント◆

　ここでは保育者の援助について学ぶ。援助といっても手取り足取り教えることではなく、保育者とともに楽しく造形活動に取り組めるように場面を整え、子ども中心に保育を展開することである。場合によっては、見守ることも大切である。保育者がもう少し早く保育の流れを進めたくても、子どもが立ち止まっていれば辛抱強く待たなければならないこともある。あまり多くの言葉や材料を与えすぎても、消化不良を起こしてしまうかもしれない。反対に保育者が積極的に子どもたちのなかに入っていかなければならない場合もあるだろう。子どもが製作に対して明確なイメージをもっているもかかわらず、技術的に困難と考えられる場合には保育者が援助する必要がある。手伝うことによって自立心を養うことを知ることも大切である。
　いずれにしても、子どもたちの発達と状態を常に把握しながら、その場に合った援助を考えていくことこそが保育といえる。第3章での造形環境の基本を振り返りつつ学んでいこう。

## 第1節 ● 0、1、2歳児の造形援助

### 1 ── おおむね0歳児の場合

#### （1）大切なのは保育者とのスキンシップ

　養護と教育を考えれば、当然この時期は養護的内容が主となる。したがって、造形的側面も「造形」＝「作る」ことにはならない。0歳児は大人との接触のなかで心や体を作っていく。保育者とのスキンシップは未満児や0歳児にとっては必要不可欠である。造形の援助も保育者の触れ合いなしには成立しない。一人ひとりを大切にする保育者の言葉や表情が、やがて表現を行う子どもの心を育てていることを忘れないようにしよう。ゆっくりと話しかけると、乳児も返事をするように喃語で答えてくれる。膝の上での遊びは0歳児にとって安定感をもたらし、安心を与えることになる。

#### （2）快適な環境と感覚刺激

　この時期の乳児には、快適な環境と心地よい生活がもっとも大切である。では、乳児にとって快適な生活とはなんだろう。安全で快適な空間も無論大

切だが、それだけではない。大人の優しい援助がなければ、乳児は健全な成長を遂げることができないのである。触ったり、抱かれたり、話しかけられることによって造形の基礎となる感覚が刺激され、脳内のシナプス形成が急速に連合し始める。保育者はまず安全なおもちゃや環境に細心の注意を払うとともに、どのような色のおもちゃや保育用具が適切なのか考慮したい。

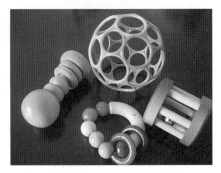

0歳児向けのおもちゃの一例

　また、音の出る遊具などもこの時期の子どもには大切である。市販の遊具には音量の調節ができないものや、音質にこだわらない製品が多くあるが、最近の研究では音のする方向に体を向けたり、音の刺激と瞬きの反応が連鎖していたりすることから、新生児も音の大小や音質などが認識できることが判明している。このことから、新生児は音の刺激を他の感覚と連動しながら受容していることが分かる。したがって、保育者は遊具の色や形とともに音質などにも考慮する必要がある。

## 2 ── おおむね0歳児と造形援助

### （1）感覚機能の刺激

　生後6か月を過ぎるとガラガラや音のする方へ興味を示すだけでなく、ものとかかわりをもとうとする。そして、保育者が示すものに手を伸ばしたり、つかみとったりする行動が見られるようになる。

　しだいに自由にものが握れて、離せるようになると、今度はひもを引っ張ったり、目的の場所にブロックを入れたりできるようになる。保育者はこうした動作や能力を十分発揮できる機会を与えることが大切である。ゆるいマグネットなどを飽きずに冷蔵庫につけたり外したりしている0歳児を見ていると、握力とともに、指先の動きがスムーズになってきているのが分かる。また、箱に穴を空けたものにブロックや積み木を入れ込んで遊べるようになったり、ビニールテープやシールなどをくっつけたりはがしたりする行動も見られるようになる。

　保育者はそうした機会をとらえて乳児の感覚機能を刺激する用具や手作りおもちゃなどを設定し、準備することが必要である。安全性を考えるとともに、色や形、重さや手触りなど子どもたちの生活を観察しながら、発達に

合ったおもちゃを製作することも大事な保育者の援助である。

### （2）なんでも興味津々

0歳児は好奇心の塊である。目に見えるものは、なんでも捕まえたがる。そして、手に触れたものは口に運ぶ。動くものや光るものはこの時期の乳児にとってとくに興味が向くものである。緩やかに動くものとして吊り下げられた新聞紙やトイレットペーパーなどは、0歳児にとって格好の遊び道具となる。なんとか手を伸ばしてつかもうとする子どもたちは、自然に身体のバランスをとっている。座った乳幼児も、上から釣り下げられた紙が揺れるのに合わせてバランスをとる動作を行う。手でつかむことができた子どもは、引っ張るときにまた体全体で均衡をとろうと姿勢を変える。こうした運動のなかで目と手と体の動きが調和していく。どのような造形も、こうした身体のバランスなしには発展しない。

また、光るものといえば、水に反射する光なども乳児の興味を引く素材である。キラキラと光る水に手を入れることもよく見られる。安全面によく配慮して、保育者と一緒に楽しい体験ができるような環境を整えたい。そして、その環境が造形教育の出発点である。

## 3 ── おおむね1～2歳児の場合

### （1）おおむね1歳児の造形援助

#### ①腕が自由になること

1歳児の特徴は、立って歩くことができるようになることである。立って歩くことにより、子どもたちの世界は一変する。地面に両手をつける機会がしだいに少なくなるということは、肩とそれにつながる手全体を自由に動かせることになる。これは人間が成長発達する過程において、もっとも画期的な事柄である。手が自由に動くことによって高いところからものが落とせる。比較的大きなものがもてる。手すりにつかまって階段を上ることができる。その結果、飛び降りることもできる。肩から大きく腕を動かせるから「なぐり描き」ができるようになる。砂を容器に入れたり出したりできるようになるなどの行為がそれである。そして、よく観察すれば、立てることによって初めてできることはまだまだ考えきれないほどある。1歳児は、このように初めて手が地面から自由になったときにできる遊びが大好きだ。保育を行ううえでは、こう考えるとよい。

「手のひらが地面から自由に解き放されたとき、人間は何がしたいと思う

のだろう？」

　それに合わせて助言や援助を考えると、発達を無視した過度な引っぱり上げや逆にいつまでも赤ちゃん扱いをする恐れはなくなるだろう。

　立つことによって視覚の方向も変わってくる。前方を見る機会が多くなり首をひねることも容易になると、周囲の状況も把握しやすくなる。友だち同士で顔を見合わせたり、保育者の行動をじっと見つめたりするなかで、顔色を見ながらいたずらをするようになる。よく、「いけない」「だめよ」と保育者が止めていることと反対の行動をとったりするのは、相手の顔色を見ることができるようになったからである。したがって、大胆な描画運動をさせたいときは、保育者が笑顔であえて「あらあら」とか「まー」などと驚きや困った表現をすると、おもしろがってより大胆な描画運動を行うこともある。

②描画意識の芽生え

　1歳を過ぎると描画能力もますます発展してくる。画用紙からはみ出していた線も、しだいに画用紙に収まるようになっていく。先にも述べたように、手が自由に使えるようになっても始めのうちはまだ線を止めることはできない。画用紙の端が見えていても腕は画用紙の外まで運動し続けるのである。画用紙の端で折り返すことができるようになるのは、造形面の成長としてたいへん重要なことである。画用紙内で意識し描画コントロールできることは、視覚と運動が協調できた証だからだ。したがって、枠を意識できるように、あらかじめ画用紙の縁にビニールテープなどを貼っておくのも幼児の手助けになる。

　行動範囲も俄然広くなり、運動能力も急速に発達するが、その反面保護者や保育者を頼るようにもなる。造形面では「これを描いてほしい」「作ってほしい」と頼むこともある。こうした要求にはできるだけ応えたい。なんといっても、まだ生まれて1年しか経っていない子どもである。こうした欲求が満足されることで自らの造形意欲も湧いてくるのである。

### （2）おおむね2歳児の造形援助
①お話大好き

　この時期は言葉の時期である。2歳を迎えると急速に言語能力が発達する。喃語は消えて二語文や発問に対する理解度も急激に深まっていく。2歳児は「話すことが大好きな時期」だと理解して援助を考えてほしい。造形でもこの基本的な発達段階は変わらない。描いたものにはなんでも名前をつけたがるようになる。丸が閉じてぐるぐる描きが終わり、一つの丸が成立すると、その丸は人になったり、花になったり、自動車になったりする。また、丸や線

を組み合わせることで表現が豊かになってくる。保育者や保護者には難解な形態も、子どもにとっては「パパ」や「ママ」や「ねこ」や「電車」なのである。実際には、子どもは自分で描いた絵の形態がお父さんやお母さんと似ているとは思っていない。あくまでも名前をつけてお話をしているのである。だから保育者が「パパならメガネがいるね」とか「電車に車はないの」などといった示唆はいらない。クラスの先生やお母さんと絵を通じてお話がしたいのだから、形象は二の次にして、まず十分にお話を聞いてほしい。

**②大事な外遊び**

なににつけても「きらい」「いや」と言って反抗する面が出てくるため、「悪魔の２歳児」ともいわれる時期である。行動力も運動能力も育ってくる。また、自分の思考を伝えようとする言語活動も活発化する。しかし２歳児の能力では、十分に伝えきることはできない。自我も芽生えるが、なかなか自分の思うようにはならないことが多い。その結果、かんしゃくを起こしたり、反抗したりすることが起こるのである。こうした要求と現実とのギャップでストレスが溜まりやすい時期には、意識して外遊びの機会を多くしよう。砂遊びや水遊びで全身を使うことは、この時期の幼児にとって心の面においても大切なことである。自然の素材である砂・土・水や紙などに触れさせることから始めよう。大人にとってはなんでもない「触れる」という行為だけでも困難な子どもがいる。無理せず少しずつ慣れさせるようにすることが大切である。具体的には、あまり大量の材料を与えるのではなく、手のなかに入る程の量から始めよう。保育者はまだ作品や製作の観点を重視するのではなく、感触や感覚を十分に楽しめるように配慮することが大切である。なんでも一人でしたい意欲がいっぱいの年齢とはいうものの、保育者が見えなくなると不安になり泣いてしまったりする幼い子どもである。一人ひとりをしっかりと見据えて優しい言葉で接することが必要である。

２歳は言語能力の発達が著しく、自我も芽生える頃

## 第2節 ● 3、4、5歳児の造形援助

### 1 —— おおむね3〜4歳児の場合

**(1) おおむね3歳児の造形活動と保育者**

**①一人ひとりの力量に合わせて**

　自我がしっかりとしてくる時期だが、注意力も運動能力もまだ成長する過程にあることを忘れないよう保育内容に考慮しよう。造形も積極的に遊びに取り入れて行えるようになる。保育者は一人ひとりに援助できるように、どの幼児がどのような遊びをしているのかを観察することが大事である。ある子どもは夢中になって砂で型抜きをしている。別の子どもはおもしろそうに水槽を眺めている。ある子は楽しそうに描画活動にいそしんでいる。個々の子どもが、個々の楽しみを知る時期でもある。このようにひとり遊びの時期を経て、初めて友だちとも一

正確なもち方ができるようていねいに援助したい

緒に遊べるようになるのである。またこれまでの造形経験が大きく個人差をもたらしている時期でもある。上手にパスやクレヨンを握れない子どもがいる一方で、大人を驚かすような絵を描く子どもも出てくる。ハサミがうまく使えない子どもがいると思えば、細かい細工までできる子どももいる。そうしたなかで保育者はどの発達に視点をあてて、内容を設定すればいいのか悩むことになる。しかし、この時期はまだ一斉に同じことができなくてもよいと考えてほしい。保育者は、一人ひとりの力量を把握しながら4歳児に向けて発育の援助をすればよいのである。クレヨンが握りもちの幼児には、小さいクレヨンを渡すなどしながら、しだいに正確なもち方ができるように促していく。ハサミがうまく使えない子どもには、正しくもてるよう指や紙の動かし方を助言したりすることが大切である。

**②材料用具との出会い**

　色や形にも興味が出てきて、それぞれの違いを使い分けることもできるようになる。それでもまだ固有色（顔はうすだいだい、空は青というような概念設定された色）には興味のない子どもも大勢いる。なんでも赤で描いてし

まう子どもや、絶対に黒しか使わない子どもたちがそうである。形に興味がある子どもは色にはあまり興味がなく、反対に色に興味津々の子どもは、形にこだわることが少ないようである。両面が同時に発育する事例はあまり見られない。その子の興味を十分に満足させてから次の段階に進むのがよい。まず個々の表現を受け入れることが必要である。年中・年長になれば受け入ればかりでなく、意見や相談を交えることができる。3歳児はまだ保育者の意見を受け入れられなくても、楽しく自分の表現ができることで十分である。保育者は焦らず幼児にいろいろな材料体験をさせながら、豊かな感性が育つように、しっかりとした筆圧と描画時の両手のバランスや描画材料のもち方などをチェックし助言や指導を行うことが大切である。

## （2）おおむね4歳児の造形活動と保育者
### ①社会性の芽生えと規範意識

友だちをはじめ、多くの周囲の大人たちともコミュニケーションがとれる時期である。描画などでも友だちを意識する反面、自信のなさから友だちの描画をそっくりとまねる子どもたちも見られる。これは自意識とともに社会性が芽生え、自分の得意不得意もわかるようになるからである。むげに友人から引き離し

友だち同士で遊びや表現などさまざまなことに影響を与えあっていく

たり、席を替えたりすることなくお互いの表現を認め、「○○君と○○君はお友だちだから同じように描けていいね」とか「○○君はここが上手だね」といった具合に、双方が自信をもてるような言葉がけが好ましい。

この時期にはだれもが同じように行える簡単でわかりやすい造形内容などを設定して、子どもたちが自信をもてるようにカリキュラムを工夫しよう。保育プログラムはいつも上への発達を促す内容を用意するのではなく、戻ることも必要なのである。

幼稚園教育要領にみられる「規範意識の芽生え」としてもこの時期は大切である。規範意識とは生きていくなかの行動の基本となる意識であり、教育の根本ともいえる。幼児はこの時期いろんな場面や環境を通じて規範意識を手に入れる。ロバート・フルガムの名著『人生に必要な知恵はすべて幼稚園

の砂場で学んだ』のごとく、室内の環境を通じて、もってきた道具を元の場所に戻すことや材料を無駄にしないこと、友だちと仲良く道具を使うこと、教えあうこと、意地悪をしないこと、友だちの表現をけなさないこと、などなど製作と保育環境を通じて自ら生きていく規範を、道徳性も伴いながら学んでいくのである。

②同時に行える二つの動作

　この年齢では、話しながら作業ができたり、観察しながら絵を描いたり、と二つの動作が同時に行えるようになる。この時期の描画は「前図式期」と呼ばれる。絵は写実的な描画を意識し始める。したがって特徴的な部分が、必要以上に強調されて描かれるのを見ることができる。こうした描画は3歳児の後半から現れることが多いが、表現方法はまだ不安定で文字や数字のような、概念的な記号と写実的な要素が並列される描画もよく見られる。人の図式は、「頭足人」と呼ばれるものから再現的な人間のボディを描くようになるが、人の動きを観察しながら描けるようになるのは5歳を待たないと困難である。

②美しさへの関心

　美しいものに心を動かしたり、きれいなものに関心を示したりするのもこの年齢だ。それ以前の年齢では表現できなかった「きれいだね」「かわいいね」といった言葉が盛んに聞かれるようになる。たとえば、虹が空に架かるのを見つけると感動をもって保育者に知らせてくれたり、うさぎの赤ちゃんが生まれると「かわいい、かわいい」とその様子を長い時間観察していたりする。こうした美的な感性が生まれてくるのが、4歳という時期なのである。できるだけいろいろな「美」に出会わせて、多くの「かわいい」を見つけ出せるような環境を作ってあげてほしい。粘土でものを作り、絵をたくさん描くことだけが造形能力を育てることではない。美しいものを発見し、心にとどめることも大切な造形表現の要素なのである。いずれそうした美的な体験が表現として実を結ぶときが来るはずである。同じように、美しい物語や恐ろしいお話も心に残る体験となる。イメージの広がる絵本なども読み聞かせてあげよう。それがどのような形で表現されるかは、保育者にとっても楽しみなことである。ある子どもは絵にするかもしれないし、また、ごっこ遊びにつながるときもあるだろう。楽しんでお話の絵が描き始められるのもこの年齢である。

## 2 ── おおむね5歳児の場合

### (1) おおむね5歳児の造形活動と保育者

**①科学的な思考**

　5歳児の援助を考えるには「科学的思考」をキーワードに学んでみてほしい。5歳になった子どもたちは推理的な思考ができるようになる。たとえば、転がるボールの後を追いかけてつかもうとする行動から、到達点へと先回りして待ちかまえることができるようになる。「なぞなぞ」が大好きなのもこの年齢である。クイズ遊びなどにも、楽しんで参加できるようになる。造形表現活動の動機づけとして、推理的な思考を刺激するのも一つの方法である。「この靴下に入っているプレゼントを触って当ててごらん」などといった動機づけは、クリスマス関連の造形活動には利用しやすい。また、色水の変化を前もって推理させることなどは、いくらでもおもしろい造形遊びに発展できる動機となるであろう。

　「科学的な思考」は描画の計画性にも現れる。今まで無作為に描いていた描画から、自分で順序を考えて描けるようになる。下の色が乾いたら上から描いても、混ざらないことを理解するのもこの時期である。数や量に対する感覚的な関心もこの時期に高まる。粘土製作でのお菓子やお団子を箱に入れるなどの遊びを通じて、数や量の感覚的な関心を高めることも必要になる。

　幼児にとって版画活動は、手順が理解できるようになるまであまり楽しいものではない。多くは5歳頃になって科学的な思考ができるようになるとおもしろがって製作するようになる。また、1日で仕上げていた絵画も次の日に続きができるようになる。何日もかけて同じ作品に取り組むことはできないが、完成までに少々時間が空いても再び取り組むことができる年齢なのである。

**②基底線を利用したテーマ**

　科学的な思考の絵画への影響は、第3章でも述べたように基底線の成立につながる。簡単にいえば、画面の下は地面で上は空である。ところが、この確固たる空間構成は5歳児を悩ませることになる。画面での遠近はまだ使えないために空と地面の間は大きく空いてしまうのである。そこで太陽だとか雲だとかを描き込むようになることは前章で述べた通りだが、このようなとき、保育者はどうすればいいのだろう。簡単なアドバイスとしては、基底線を増やしてあげることだ。画面に一つしかないと思われる線をビルのフロアのように区切れる題材を与えてみよう。たとえば、雲に架かる階段やデパートのなか、といったテーマである。あるいは基底線を上に上げるのも画面を

充実させる方法である。イモ掘りの絵であれば、あらかじめ地面の線を上の方に引かせてから描画を始める。また、高速道路のように道路が画面に迷路のように描かれる絵は、自然に基底線がいくつもできるため緊張した画面構成になる。

このように、テーマが5歳の科学的な思考に合ったものになることで、より描画活動が楽しいものになる。

### （2）就学前の造形活動

#### ①共同作業の意味

社会性が身につき、良いこと悪いことが自分で判断できるようになり、自分の行った行動がどういった結果を招くのかも、推測できるようになる。また、集団のなかでの生活に慣れてくるとともに仲間意識も向上し、友だちともより緊密なつき合いを望むようになる。したがってこの時期

共同作業は大切な経験

には、友だちと一緒に作品を作ったり、共同で作業したりすることも大切な経験となる。そして、自分の意見がみんなに理解してもらえることは、幼児の大きな自信につながる。ただし、大人の指示で行う共同作業にならないように配慮したい。共同作業や共同作品は、子どもの自主性と社会性、協調性を育成するのが目的である。保育者がすべてに及ぶ細かな指示をすることは、作業分担を超えて子どもを部品化することにもなりかねない。あくまでも子ども主体の共同作業であることを忘れてはいけない。

#### ②造形遊びが育むもの

科学的思考が育ってくると文字や記号にも関心をもつようになる。直接に文字や記号を教えるのではなく自然に取り入れるようにしたい。また、地図や道路標識なども辞典やイラストから写したり、模写したりすることが楽しくなってくる。こうした細かな描画ができるようになるのも、今までの保育の積み重ねだと思ってほしい。正しく鉛筆やペンがもてていること、空いた手で紙がしっかり押さえられていることなど、基本的な描画姿勢の集大成が文字を書いたり、記号を写したりする能力となるのである。幼児期の造形遊びを通じて築かれた、身体のバランスや細やかな運動能力、豊かな感覚、広

がるイメージ、挑戦する冒険心、自主性と協調性など、すべてが学習の基礎となっていることを保育者は知ると同時に、保護者にも理解を得なければならない。

---

● 「第4章」学びの確認
① 0歳児の造形活動の援助にはどのような接し方が必要でしょうか。
② 1歳児の造形援助におけるキーワードを五つあげてその意味を話してみましょう。
③ 4歳児の特徴とそれを伸ばす造形活動を考えてみましょう。
● 発展的な学びへ
① 3歳児における造形遊びのテーマとそれに対する保育者の考慮を考えましょう。
② 5歳児における描画の題材を考えましょう。

---

●○● コラム ●○●

## 日本の美しさ

　昨今の紙粘土にはいろいろな種類がある。そのなかでもっとも軽い紙粘土を見つけ、子どもたちに和菓子を作らせてみた。

　ケーキはよく作ることがあるのだが、和菓子は作ったことがない。そこで保護者のみなさんに協力をお願いして、デパートの食料品売り場や専門店で子どもと一緒に和菓子を見る機会を作っていただいた。日本独特の文化に触れる機会も大切だと考えたためである。

　和菓子にはケーキにはない季節感がある。春には春の菓子が、夏には夏の菓子がある。自然とともに生きてきた日本人が生み出した形態は日本ならではの美の秩序をもっている。自然界は混沌とした状態から生命という秩序を作り出した。和菓子も日本人の豊かな「遊び」の心から生まれ、長い年月の間、繰り返し試行することで美しい形や法則を生み出してきたのである。

　子どもたちは喜んで作り、いろんな和菓子が生まれた。ここでは詳しくは伝えられないが、幼児にも日本文化が創造してきた美しさに触れる機会がもっとあればいいのにと思う。

# 第 5 章 幼児造形表現教育の広がり

◆キーポイント◆

近年、表現の学びはさまざまな広がりを見せている。2017（平成29）年に行われた幼稚園教育要領、保育所保育指針、幼保連携型認定こども園教育・保育要領、小学校学習指導要領の改訂は、園と小学校における表現の教育により一貫性をもたせ、連携や交流を図ることを求めた。さらに、教育基本法では、社会教育として地域の美術館などを活用することを勧めている。

園が外の世界とつながることは、子どもの可能性をより広げ、深めていくであろう。

## 第1節 ● 小学校との接続と連携

### 1 ── 子どもの成長を支える接続

#### （1）「接続カリキュラム」の必要性

「接続カリキュラム」とは、子どもが園生活の終わりの時期から小学校の始めの時期を学習や生活の面で滑らかに過ごすことができるように配慮したカリキュラムである。こうした取り組みがなされる背景には、幼保と小学校の接続期における課題がある。

ベネッセ教育総合研究所次世代育成研究室が2012（平成24）年に行った「幼児期から小学生の家庭教育調査」では、子どもが他者とうまくかかわっていくうえで必要となる、自己を主張したり、抑制したり、あるいは他者と協調したりする能力の成長を示す数値について、年少児から年長児にかけて穏やかに増加するが、小学1年生になるときに減少することが報告されている。その理由については、幼保と小学校の間にある環境の変化に適応できるように子どもが自身を調整しているのではないかと指摘されている。

「接続カリキュラム」は、幼保と小学校の間にある変化を少なくできるよう調整し合おうとするものである。

#### （2）子どもの学びを支えるために

2017（平成29）年に告示された幼稚園教育要領、保育所保育指針、幼保連携型認定こども園教育・保育要領、そして小学校及び中学校学習指導要領は、

今の子どもやこれから生まれてくる子どもが、急激に変化する将来の社会に生きるために必要な「資質・能力」を、幼児教育及び義務教育を通じて、一貫した目的・目標をもって育成することを意図して改訂された。

幼児教育では、「知識及び技能の基礎」「思考力・判断力・表現力等の基礎」「学びに向かう力、人間性等」が生きる力の基礎として、そしてその具体として「幼児期の終わりまでに育ってほしい姿」が示された。そして小学校、中学校では、子どもの「生きる力」を育むため、すべての教科等の目標と内容が「知識及び技能」、「思考力、判断力、表現力等」、「学びに向かう力、人間性等」の３つの柱で再整理された。

保育所保育指針、幼稚園教育要領、幼保連携型認定こども園教育・保育要領では、小学校教員との接続と連携が、小学校学習指導要領では、入学時の教育課程編成上の工夫の必要性が示されている。

そこで、保育の内容の「表現」と小学校の教科の「図画工作科」の教育としての接続と幼保と小学校の接続と連携について考えてみる。

## 2 ── 「表現」と「図画工作科」の接続

### （1）小学校図画工作科の目標と内容

以下は2017（平成29）年告示の小学校学習指導要領「図画工作科」の目標である。

> 表現及び鑑賞の活動を通して、造形的な見方・考え方を働かせ、生活や社会の中の形や色などと豊かに関わる資質・能力を次のとおり育成することを目指す。
> （1）対象や事象を捉える造形的な視点について自分の感覚や行為を通して理解するとともに、材料や用具を使い、表し方などを工夫して、創造的につくったり表したりすることができるようにする。
> （2）造形的なよさや美しさ、表したいこと、表し方などについて考え、創造的に発想や構想をしたり、作品などに対する自分の見方や感じ方を深めたりすることができるようにする。
> （3）つくりだす喜びを味わうとともに、感性を育み、楽しく豊かな生活を創造しようとする態度を養い、豊かな情操を培う。

1977（昭和52）年以来、一文で示されてきた教科の目標が、小学校教育として図画工作科が担うべき役割を最初の文章（柱書き）で、その目指すとこ

表5−1　図画工作科の内容の構成

| 内容の構成 | | | |
|---|---|---|---|
| 領域 | A表現 | （1）表現の活動を通して発想や構想に関する次の事項を身につけることができるように指導する。 | ア　造形遊びをする活動を通して育成する「思考力、判断力、表現力等」<br>イ　絵や立体、工作に表す活動を通して育成する「思考力、判断力、表現力等」 |
| | | （2）表現の活動を通して技能に関する次の事項を身につけることができるように指導する。 | ア　造形遊びをする活動を通して育成する「技能」<br>イ　絵や立体、工作に表す活動を通して育成する「技能」 |
| | B鑑賞 | （1）鑑賞の活動を通して発想や構想に関する次の事項を身につけることができるように指導する。 | ア　鑑賞する活動を通して育成する「思考力、判断力、表現力等」 |
| 共通事項 | | （1）「A表現」及び「B鑑賞」の指導を通して、次の事項を身につけることができるよう指導する。 | ア　「A表現」及び「B鑑賞」の指導を通して、育成する「知識」<br>イ　「A表現」及び「B鑑賞」の指導を通して、育成する「思考力、判断力、表現力等」 |

ろを「資質・能力」の三本柱で示されるようになった。（1）は「知識及び技能」（2）は「思考力、判断力、表現力等」（3）は「学びに向かう力、人間性等」に関する目標である。同様に各学年の目標も三つの柱で示されている。内容においても、資質・能力の三つの柱での再整理がなされた（表5−1）。

### （2）「表現」と「図画工作科」との連続性

　幼児期の教育は、幼児が主体的にかかわることができる身近な環境における自発的な活動としての遊びを通した指導によって総合的に行われるものであり、ねらいも子どもの姿で記述されている。一方、小学校学習指導要領では、育てたい「資質・能力」によって記述内容が整理されている。両者を直接比較検討することに無理はあることを踏まえたうえで、「表現」と「図画工作科」との連続性を見出すことを試みる。

#### ①育てたい「資質・能力」から

　幼児期の教育が育む「資質・能力」と示している「知識及び技能の基礎」と「思考力・判断力・表現力等の基礎」は、小学校におけるそれぞれ教科の目標の（1）と（2）に発展的に連続するものであり、「学びに向かう力、人間性等」は、そのまま教科の目標の（3）に直接的に連続する。

　「幼児期の終わりまでに育ってほしい姿」の「豊かな感性と表現」で示されている「心を動かす出来事などに触れ感性を働かせる中で、様々な素材の特

徴や表現の仕方などに気付き、感じたことや考えたことを自分で表現したり、友達同士で表現する過程を楽しんだりし、表現する喜びを味わい、意欲をもつようになる」は、幼児教育の「表現」のねらいと内容が目指すところであろう。この「心を動かす出来事などに触れ感性を働かせる」ことは、「表現」が幼児教育において担うべき役割を端的に示したものであり、図画工作科の目標との連続性が読み取れる。

②活動の内容から

・小学校教育の「図画工作科」の内容

　図画工作は、表5-1のように、「A表現」及び「B鑑賞」の二領域からなっている。そのうちの「A表現」には「造形遊びをする」と「絵や立体、工作に表す」の二側面がある。さらに、二領域の両方にかかわる指導については「共通事項」に述べられている。それらの活動や指導を通して、「思考力・判断力・表現力等」と「知識及び技能」を育てることとしている。

　「A表現」における「造形遊びをする」は、児童が材料などに進んで働きかけ、自分の感覚や行為を通してとらえた形や色などからイメージをもち、思いのままに発想（つくりたいことやしたいことなどを考えること）や構想（その方法などを考えることなど）を繰り返し、経験や技能を総合的に活用してつくる活動である。「絵や立体、工作に表す」は、児童が感じたこと、想像したことなどのイメージから、表したいことを見つけて、好きな形や色を選んだり、表し方を考えたりしながら表す活動である[*1]。

　また、「B鑑賞」における「鑑賞する活動」とは、自分たちの作品や身近な材料、諸外国の親しみのある美術などの形や色などをとらえ、自分なりにイメージをもつなどして、主体的によさや美しさなどを感じ取ったり考えたりし、自分の見方や感じ方を深める活動である。

　これらの活動すべてを通して指導する〔共通事項〕において、一つを児童が自らの感覚や活動を通して形や色などを理解する「知識」として、もう一つを児童が自分のイメージをもつ「思考力、判断力、表現力等」として示している。

・幼児教育の「表現」の内容

　幼稚園教育要領では、「表現」の内容を8項目で示している（文言の違いがわずかにあるものの、保育所保育指針や幼保連携型認定こども園教育・保育要領も意図している内容は同じである）。「表現」と「図画工作科」とのつながりを考えてみる。

　「表現」の内容（1）「様々な音、形、色、手触り、動きなどに気付いたり、感じたりすること」（2）「イメージを豊かにすること」（3）「感動したこと

*1　「絵や立体」は自分の感じたことや思っていることなどを表す活動であり、「工作」は生活を楽しくしたり、伝え合ったりする等の意図や用途がある程度明確な活動である。

を伝え合う楽しさを味わうこと」は、造形表現に限らず言語や音・音楽、身体などすべての「表現」の活動で重視すべき内容という意味で、図画工作科の〔共通事項〕とのつながりを読み取ることができる。（5）「いろいろな素材に親しみ、工夫して遊ぶこと」は、図画工作科の「造形遊びをする」とつながっている。（4）「感じたこと、考えたことなどを表すこと」は、「絵や立体に表す」と、（7）「遊びに使ったり、飾ったりなどすること」は、「工作に表す」活動とのつながりを読み取ることができる内容である。また、多くの項目で示されている「楽しむ」「楽しさを味わう」には、「鑑賞する」とのつながりが読み取れる。

　以上のように、保育内容の「表現」のねらい及び内容と小学校の「図画工作科」の目標と内容は接続していると言える。幼保と小学校の現場の課題は、その接続期のカリキュラムを具体化するための幼保と小学校の連携の在り方である。

## 3 ── 小学校との接続と連携

　保育所保育指針（第2章 4 （2）小学校との連携）、幼稚園教育要領（第1章 第3 5 小学校教育との接続に当たっての留意事項）、幼保連携型認定こども園教育・保育要領（第1章 第2 （5）小学校教育との接続に当たっての留意事項）のいずれもが、小学校教育との円滑な接続を図るよう務めることを示している。それは幼児教育で育まれた「資質・能力」を踏まえて、小学校教員との意見交換や共同の研究の機会などを設け、「幼児期の終わりまでに育ってほしい姿」を共有するなど連携を図ることである。

　また、小学校図画工作科解説 図画工作科編の「第4章 1　指導計画作成上の配慮事項」の（7）で「他教科などとの関連を積極的に図り、指導の効果を高めるようにするとともに、幼稚園教育要領などに示す幼児期の終わりまでに育ってほしい姿との関連を考慮すること」とし、特に1学年一学期の教育課程編成上の工夫（スタートカリキュラム）を重要としている。

　「接続」とは、ものとものがつながり合うことやその場のことであり、「連携」とは、一つの目的のために連絡を密に取り合ってともに物事に取り組む行為である。ここでの一つの目的とは「子どもの生きる力を育てること」であり、接続するのは幼児教育を担う幼稚園や保育所、認定こども園と小学校である。そして、連携するのはそれぞれの保育者や小学校教員である。接続と連携を実現するためには、指導者同士が互いに立ち入ったり、受け入れた

りし合うことが必要である。幼保と小学校の教育と小学校教育の円滑な接続を実現するには、相互の教育に関する理解を深め、具体的な内容や実践的な方法を改善する必要がある。

ここでは園の視点から小学校との連携と接続の在り方を考える。

## （1）保育者が行うこと
### ①幼児期に必要な造形活動の保障

まず、幼児期に必要な表現の活動を十分に保障することである。

「幼児期の終わりまでに育ってほしい姿」の（10）「豊かな感性と表現」の文末は「表現する喜びを味わい、意欲をもつようになる」であり、何か知っておくことやできるようになることを求めているわけではなく、幼児期の教育が目指す「心情」「意欲」「態度」が十分に育った姿で示されている。図画工作科はこのような幼児期の自然な遊びを通して育まれる資質や能力を前提にして目標や内容が構成されている。

幼児期に必要な教育を十分に保障することが、アプローチカリキュラムの取り掛かりといえるだろう。

### ② 低学年における図画工作科の理解

図画工作科の活動成果を保育者が見ることができるのは絵や立体、工作の作品であり、その視点は完成度や技能に向かいがちではないだろうか。小学校の児童の「なにをどうつくったり、表したりするのか」を自分で見つけたり、選んだりする「思考力、判断力、表現力等」は、幼児期の造形表現から一貫して育まれてきたものであり、「技能」はそれらを実現するために働くものである。また、「造形遊びをする」活動を知ることで、「材料に親しみ工夫して遊ぶ」活動が「図画工作科」に緊密につながっていることが理解できるだろう。図画工作科のすべてを知る必要はないが、少なくとも目標と内容の概要、低学年の図画工作科の学習活動の実際を知ることで、幼児期に必要な造形表現活動を、確信をもって保障することができるだろう。

### ③ 小学校区の幼児教育機関が共通に実施できる保育内容の作成

図画工作科の低学年においては、材料や用具について、土、粘土、木、紙、クレヨン、パス、はさみ、のり、簡単な小刀類など身近で扱いやすいものを用いること、指導においては児童がこれらに十分に慣れることができるようにすることとしている。

材料や用具の扱いに慣れるためには、扱う機会を十分に保障することが必要である。同じ小学校区にある園で、こうした材料・用具を無理なく扱う表現の保育実践を作成し、共有することで、子どもたちは図画工作科で材料や

第5章 幼児造形表現教育の広がり

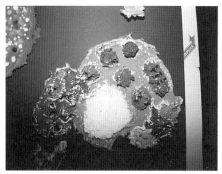

トイレットペーパーを溶かしてつくる。左が幼児作品、右が1年生の作品

並べる活動。左が幼児、右が2年生の作品

用具を扱う際の戸惑いを避けることができるだろう。小学校の学習を先取りするような活動は必要ない。あくまで、幼児が主体的に取り組める環境や遊びの活動における出合いを設定することである。

### (2) 小学校教員と連携してできること
#### ①日常的な保育や授業の実際を伝達し合うこと

　園と小学校の間の環境の変化を解消するためには、まず保育者と小学校教諭が互いに保育と授業の実際を伝え合い、違いとその変化を埋める必要性を実感することが必要である。

　小学校学習指導要領解説図画工作科編では、第4章1指導計画作成上の配慮事項（7）「低学年における他教科等や幼児教育との関連」において、幼児期と小学校低学年の児童が同じような発達の特性をもっていることを示している。幼児期から小学校低学年のこのような学びの姿を園と小学校の指導者が保育や授業を通して互いに共有するのである。

　前述したように、図画工作科の「造形遊びをする活動」は、幼児期の教育の「いろいろな素材に親しみ工夫して遊び」内容との関連が深い。保育や授

業を見合う際に、共通の材料や造形操作を扱う内容を設定することにより、幼児期と小学校低学年の子どもの発達の特性の共通性を実感することができるだろう。

　保育や授業の相互参観は日常的に行えるものではないが、作品や写真などによる情報交換はより日常的に行うことができるだろう。その際、完成作品を紹介し合うだけではなく、活動のプロセスで、子どもが作りたいものや表したいことを考えている姿や、作っているものをじっと見つめながら工夫しようとしている姿などを撮影し、保育のねらいや、学習の目標とともに交換することで、指導者が子どもをとらえる力を高めることにもつながるだろう。

② 接続カリキュラムの作成

　接続期は「学びの芽生え」から「自覚的な学び」へ移行する期間である。このことを踏まえ、幼保では「自覚的な学び」への移行を見すえて、小学校は「学びの芽生え」に基づくカリキュラムを作成することとなる。これには互いの連携と協力が必要となる。

　下記に、「表現」及び「図画工作科」に関する「接続カリキュラム」を作成する際の配慮事項を提案する。

---

■園の「アプローチカリキュラム」
○「表現」の内容を偏りなく総合的に扱うことにより、ねらいを実現する子どもに「幼児期の終わりまでに育ってほしい姿」を見いだせるようにする。
○そのプロセスで、素材にかかわる活動では子どもが活動の目的を決めること、大まかなテーマに基づいて描いたり作ったりする活動では子どもが感じたり考えたりすることを大切にする。
○グループで共同して手応えを共有したりしながら活動したり、活動成果を発表し合って活動成果を確かめ合ったりすることで学びを自覚できるように設定した活動に重点を置いてカリキュラムを構成する。
○小学校低学年で扱う材料や用具を無理なく経験できるような活動を設定する。その際、小学校教員からそうした材料・用具をどのように扱って学習するのかを聞き取ることで、その基礎的な内容を設定する。

---

■小学校の「スタートカリキュラム」
○「幼児期の終わりまでに育ってほしい姿」の「思考力の芽生え」や「豊かな感性と表現」で示される姿との関連を考慮する。
○幼児期の子どもはその力を汎用的に働かせていることを理解し、各教科等で育てたい資質や能力と内容の相互の関連を検討し、造形活動を中心とし

て、児童が体全体の感覚を働かせながら総合的にかかわることができる題材を設定する。
○それが、幼児の主体的な活動としての遊びから生まれる姿であることを理解し、児童が主体的に取り組める材料や場所とそれらへのかかわり方や大まかなテーマ等と出合える環境から始めることができる題材で図画工作のカリキュラムを構成する。

## （3）一体となってできること

### ①子ども同士の交流

　小学校では、生活科で近隣の幼保との交流に取り組む活動が多い。これは、目標の背景とされる「児童が身近な人々、社会及び自然と直接関わる」ことに基づいている。そこでは、小学生に方法を教えてもらいながら一緒に描いたり、作ったりしたり、作ったもので遊んだりする幼児の姿が見られる。小学校から招待される場合は、受け身になりがちなので、園側から招待する活動を提案してもよい。幼児と児童が互いの作品と見合うような活動では、感じたことや考えたことを伝え合う楽しさを味わうことも期待できる。

　生活科の交流活動と図画工作科を関連させる活動も有効である。並べたり積んだりできる材料で一緒に造形遊びをすることも楽しい活動になるだろう。共同して作る活動では、小学生の発想や作り方から幼児が学ぶことが期待できるし、小学校で主体的に造形活動できる体験をすることは、園の子どもにとって、小学校での学習に期待感を抱く機会となるだろう。

### ②組織としての連携を実現する

　子ども同士の交流の場を双方に意味のあるものとするためには、園と小学校の互いの教育のねらいや目標と内容、その指導等の理解と共有を図る必要がある。それには、園と小学校の指導者が互いに直接連携することが最も有効な方法である。

　なかには、互いの業務内容や実態を知らない状況で、形式的な接続のための連携だけを進めようとして、双方の利益を優先するが故の相手方への不信感が先立つことも考えられる。大切なのは、園と小学校がめざす子どもの姿を共有し、互いを尊重できる連携を粘り強く模索することである。接続や連携の姿は一つではない。地域や子ども、そして指導者の実態に応じた組織としての連携を具体化することである。

## 第2節 ● 美術館と保育現場の連携

### 1 ── 幼児の美術鑑賞

　美術館では、作品鑑賞のためのさまざまなプログラムを各館が独自に工夫している。たとえば、学芸員[*1]やボランティアと来館者の団体が一緒に館内の作品を巡るギャラリーツアーや、ワークショップ[*2]と呼ばれる製作や体験活動、ワークシートやパスポートの作成と配布、また、美術評論家などの講演や音楽コンサート、アーティストによるアート活動などである。加えて近年では、美術館が保育現場と連携して幼児のための鑑賞活動に取り組むようになった。かつては子どもたちが美術館を訪れて作品を見学することは、一般の来館者に迷惑をかけると思われていた時代もあったが、今や小学生や中学生が美術館を訪問することは日常的な光景である。一般の来館者の多くは、「子どもが真剣に作品を見つめる姿は微笑ましい」「海外の美術館みたいでよい」と肯定的な反応を美術館に示しているという。

　幼児の鑑賞活動は、大人から見てもとても興味深い活動であり、子どもにとっては想像力を発揮できる楽しい活動である。ここで紹介するのは、国内ではまだ希少な美術館における幼児の鑑賞教育の事例である。幼児の鑑賞活動における目的を、子ども、保育者、保護者、美術館、地域の立場からそれぞれ考えてみたい。

[*1] 博物館や美術館で資料や作品の収集・保管・展示や調査研究などを行う専門職の人。

[*2] 参加者が参加したり体験したりするなかで学び合う多様な活動のことで、美術ではアーティストがかかわることもある。

### 2 ── 幼児対象の鑑賞プログラム（大原美術館の事例）

　倉敷市の風情ある町並みを保存した美観地区にある大原美術館は、幼児の鑑賞教育の実績が全国的に有名な美術館である。1993（平成5）年から幼児対象プログラムを実施しており、現在も幼稚園や保育所の年間平均訪問回数が3.5回という継続型のプログラムを行っている。このプログラムでは、「①絵画鑑賞プログラム『対話』『パズル』『模写』『お話作り』『絵探し』」と「②彫刻鑑賞プログラム『対話』『自由制作』『模刻』」、「③『全体鑑賞』、④『美術館探検』があり、各プログラム内で単独もしくは組み合わせて実施」している[1]。たとえば、1日目に対話、後日にパズル、最終日に模写といったように、年間を通して園と美術館とが連携しながら活動することで、幼児は美術館を一過性ではない自らの育ちの環境にすることができるのである。岡山と高橋は「幼児は環境との相互作用によって発達する」という保育の視点から

大原美術館（岡山県）

美術館や美術作品を環境としてとらえ、継続的な研究をしている[2]。

大原美術館における幼児対象プログラムは、幼稚園や保育所の担当者とスタッフが相談して進め[3]、美術館における職員全員の協力と研修でつくっている[4]。まず、幼児に美術館での振る舞いについて説明をするにも「視覚的にも分かりやすい」マークやものを例示して話したり[5]、美術館の片隅に集めて座って幼児が落ち着いた状態をつくってから分かりやすく優しく話をしたりしている[6]。また、子どもたちが選ぶ好きな絵についても、「幼児は動物、人間、ロボット、自然等、直接、間接を問わず生活の中で経験したり、親しんでいる対象が作品中に描かれているときに、好意や親しみをもつことが分かる。色調は、明度・彩度の高いものを好む傾向がある」[7]と分析している。また、プログラムを経験した幼児は保護者に美術館の話をしたり、自分の好きな絵まで保護者を連れて行ったりする。幼児の鑑賞は楽しい活動として子どもたちの思考と表現力を高める効果があるといえる。

## 3 ── 幼児から大人まで対象の展覧会（北九州市立美術館の事例）

北九州市立美術館（本館）は、近現代美術コレクションと市民生活への密着をめざした磯崎新デザインの美術館である。この館では、美術ジュニアボランティアの育成や、授業用バスの借上、教育現場と連携してのワークシートや学習プログラムの作成から教育普及を進めている。

北九州市立美術館
（福岡県）

そして、近年のこの美術館の特徴に、所蔵作品から企画する「子どものための展覧会」がある。1998（平成10）年の小学校学習指導要領の改訂から「地域の美術館などを利用すること」[8]と記載され、現在に至るまで大人と子どものための展覧会を教育現場と連携して企画してきた。2010（平成22）年には第3回目となる「見つめる・感じる・考える」展として、対象に幼児を加えて、教育普及担当者を中心に、教育現場と筆者ら大学教員で企画した。小さな子どもを対象に加えたことで、展示については作品の高さを低くし、すべての展示作品のキャプションにふりがなをつけた。作品保護の観点から必要とされる柵も子どもが見やすいように多くの箇所で足元のテープに変えるなど、さまざまな配慮を行っている。内容については、

手触りで鑑賞

全身で鑑賞

美術に親しみのない人も見やすいように、形や色がはっきりして鮮やかな作品、子どもが発見を楽しめるトンボや鳥などが隠れている作品などを選んだ。また、乳幼児は、視覚の発達よりも触覚を優先するという研究[9]や、触ることで幼児も鑑賞を積極的に楽しめるという研究[10]に基づき、作家の協力を得て木彫を触って鑑賞できる部屋を設けた。乳幼児は宮崎準之助の作品で木のぬくもりや触感を楽しみ、体全体で石松豊秋の作品の大きさや表面の肌触りを確かめていた。鑑賞した作品の技法や表現を追体験できるコーナーも設けており、そこでは親子で作品技法遊びを楽しむ姿があった。幼児から大人まで、見る人の感じ方や考え方を広げる展示を工夫した。

## 4 ── 子どもを通して地域をつなぐ（神戸市立小磯記念美術館の事例）

神戸市立小磯記念美術館
（兵庫県）

神戸市立小磯記念美術館は、郷土の画家である小磯良平の作品やアトリエを遺族が寄贈したことから始まる神戸市立の美術館である。市内の学校と常時連携をとっており、さまざまな案内は市内の学校や園を通して配布され、家庭にも届けられている。美術館は小学校や中学校の教員と共同で鑑賞教材開発を行い、さまざまなワークシートやアートカードなどの作成、ナビゲーター研修や実践報告会をしている。市内の幼稚園と協力して、年中から年長児を対象に、対話しながら小磯良平の作品を見ていくギャラリーツアーや、絵の前での描画などを行っている。教育普及担当者は、「作品と同じポーズを動作化してみる」など幼児には体験的な鑑賞方法を心がけているという。

幼児の鑑賞では、幼児は自分が経験して知っていることと、作品に描かれていることとを関連づけてその場面を考えていく。たとえば、着物を着ている人と洋服を着ている人が同じ画面に描かれた作品なら、地域でだんじりのお祭りに着物を着て参加した経験から子どもたちは、「お祭りに出た子を洋服の母親が迎えにきている」と推測する。本来の作品解釈とは異なっても否定はせず、子どもが絵の事物をきっかけに自らの経験に照らし合わせた思考を巡らす姿を大切にしている。

この美術館のもう一つの特徴に、地域社会との連携がある。たとえば、休

日に行われる子どものプログラム（おもには小・中学生対象）では、親子参加が多く、乳幼児や父親が一緒になって絵画鑑賞や製作を通して活動をする過程で、親子の距離を縮めていく姿を見ることができる。また、美術館が主催する「RICアートカプセル」は、地元企業から材料の借用をしたり、協賛品の提供を受けたりして、神戸にゆかりのアーティストや学校・大学が周辺のエリアに子どもが楽しめるブースや作品を出展している。アーティスト、地域の企業、住人、学校、親、子どもがアートでまちづくりを行っているのである。美術館が学校教育を離れた社会教育において、人と人をつないでいるといえる。

## 5 ── その他の美術鑑賞

　幼児を対象とした美術館の事例は全国的に少ないものの、まだ他にもある。東京都美術館や富山県立美術館は、乳幼児と親子で鑑賞をするひよこツアーを行っている。徳島県立近代美術館は、子どもの発達に合わせたプログラムを開発し、年中から年長の子どもたちには作品のなかから知っているものを言い当てる活動に取り組んでいる。同美術館の学芸員は「子どもたちが知る現実の事物と描かれた形との対応関係をつくる活動」と解釈している[11]。北海道にあるアルテピアッツァ美唄では、廃校になった校舎やその周辺の野山に安田侃（かん）の彫刻を展示し、そこに連なる園舎の栄幼稚園の子どもたちは、彫刻と一緒に夏は水遊び、冬は雪遊びをして暮らしている[12]。

　美術鑑賞は学習としてとらえるとときに難しいものかもしれないが、子どもたちにとっては楽しいものでもある。さらに、幼児と美術館のつながりは、地域社会が子どもを育んでいることを改めて感じさせてくれるであろう。

---

●「第5章」学びの確認
①幼稚園と保育所と認定こども園と小学校の接続・連携の重要性について説明してみましょう。
②子どもが美術館に行くことの意義は、どのようなことだと思いますか？
●発展的な学びへ
①季節や行事等を取り入れた表現活動を小学校教員と連携して行うプログラムをグループごとに提案してみましょう。
②自分が住んでいる地域の美術館で、どのような「子ども向けプログラム」が行われているのかを調べてみましょう。

引用・参考文献

1）ベネッセ教育総合研究所「幼児期から小学1年生の家庭教育調査報告書〔2012〕」2013年
   http://berd.benesse.jp/jisedai/research/detail1.php?id=3200
2）文部科学省 中央教育審議会「論点整理 5. 各学校段階等における改訂の具体的方向性」2015年
   http://www.mext.go.jp/component/b_menu/shingi/toushin/__icsFiles/afieldfile/2015/09/24/1361110_2_2.pdf
3）文部科学省「幼稚園教育要領」2017年
   http://www.mext.go.jp/component/a_menu/education/micro_detail/__icsFiles/afieldfile/2017/05/12/1384661_3_2.pdf
4）文部科学省「小学校学習指導要領解説 図画工作科編」2017年
   http://www.mext.go.jp/component/a_menu/education/micro_detail/__icsFiles/afieldfile/2017/08/02/1387017_ 8 _1.pdf
5）岡山万里・高橋敏之「大原美術館における対話による幼児のための絵画鑑賞プログラム」『美術教育学』30号 美術科教育学会 2009年 pp. 151 − 162
6）同上書 pp. 151 − 162
7）大原美術館 教育普及活動この10年の歩み編集委員会『かえるがいる 大原美術館 教育普及活動 この10年の歩み 1993 − 2002』財団法人大原美術館 2003年 pp. 92 − 111
8）同上書 pp. 37 − 39
9）同上書 pp. 92 − 111
10）同上書 pp. 47 − 63
11）前掲書1）pp. 154 − 155
12）文部科学省『小学校学習指導要領解説 図画工作編』1998年
13）清原知二「美術教育試論（9）子どもの描画表現と触覚」『聖和大学論集. A・B、教育学系・人文学系』聖和大学 2004年 pp. 29 − 36
14）丁子かおる・千本木直行・松久公嗣「幼児の発達に適した試行的鑑賞実践の研究―大学と幼稚園の連携による鑑賞プロジェクトについて―」『大学美術教育学会誌』41号 大学美術教育学会 2008年 pp. 165 − 172
15）森芳功「鑑賞支援における分析的要素、表現的要素、コミュニケーション的要素との連関について―徳島県立近代美術館における鑑賞教育の実践から―」『美術教育学』30号 美術科教育学会 2009年 pp. 411 − 423
16）NPO法人アルテピアッツァびばい
   http://npoarte.blog.ocn.ne.jp/

●○● コラム ●○●

## 美術館に行ってみよう

　美術館で子どもたちは、小さなアーティストや批評家となる。美術館で子どもたちが興味をもった作品について、描かれたものや場面、あるいは「まるで○○みたい！」を一緒に考えてみよう。子どもたちは、思いがけないアイデアや発見をしているので、大人も驚いたり感心したりして楽しめる。

　美術館という地域文化のなかで、子どもは芸術作品やアートについて自分なりのとらえ方をすることで、さまざまなことを学ぶ。親や友だちとの関係、作品の推理や解釈を通して思考の方法、絵や粘土、言葉で考えや思いを表現することなど、美術館は子どもにとっては育ちを促す文化的環境である。

　たとえ美術館に行けなくても、子どもがつくった作品によって、子どもから話を聞いたり、クラスや廊下に飾ることで作品の楽しさを共有できる。また、お迎えにきた保護者やお客さんを迎える園の玄関やクラスの入り口などを子どもの作品で飾ることで、園の活動を知ってもらえるし、子どもたちの自信にもつながる。気持ちのよい環境を整え、作品を飾り、語り合う場をつくりたいものである。

# 第Ⅱ部　実践編

## ―造形遊びの事例から学ぼう

## 造形遊びの事例の一覧

### おおむね0歳児
- 事例1 「いない いない ばぁ」／121
- 事例2 「おみず ぴちゃぴちゃ ぎゅ〜…」／122
- 事例3 「つまんでポットン…」／123
- 事例4 「ひっぱれ〜」／124
- 事例5 「出したり入れたり転がしたり…」／125

### おおむね1歳児
- 事例6 「寒天で遊ぼう！」／126
- 事例7 「新聞紙で遊ぼう！」／127
- 事例8 「アルミホイルをめくって遊ぼう！」／128
- 事例9 「容器がいっぱい！」／129
- 事例10 「ひっかけて遊ぼう！」／130
- 事例11 「小麦粉粘土で遊ぼう！」／131

### おおむね1〜2歳児
- 事例12 「ひもとおし」／132

### おおむね2歳児
- 事例13 「絵の具グチュグチュ…」／133
- 事例14 「床全体を使った構成遊び」／134
- 事例15 「プレゼントをどうぞ！」／135
- 事例16 「積み木と箱を組み合わせて」／136
- 事例17 「トイレットペーパー粘土・1」／137
- 事例18 「ハサミでチョキチョキ」／138
- 事例19 「洗濯バサミを使って」／139
- 事例20 「シュレッダーの紙がいっぱい！」／140

### おおむね3歳児
- 事例21 「透明素材をつなげて」／141
- 事例22 「シールで遊ぼう」／142
- 事例23 「クリスマスツリー」／143
- 事例24 「ケーキをつくろう・1」／144
- 事例25 「ケーキをつくろう・2」／145
- 事例26 「小麦粉粘土でパン屋さん」／146
- 事例27 「スライムで飾ろう」／147
- 事例28 「きのこのおうち」／148
- 事例29 「バスで出発！」／149

### おおむね4歳児
- 事例30 「トイレットペーパー粘土・2」／150
- 事例31 「カレンダーをつくろう」／151
- 事例32 「色紙遊び」／152
- 事例33 「リンゴの森へ行ってみよう！」／153
- 事例34 「パフェだいすき！」／154
- 事例35 「いろいろ虫の冒険」／155
- 事例36 「おかしやさん」／156
- 事例37 「傘さしてお出かけ」／157
- 事例38 「長い棒があったなら」／158

### おおむね5歳児
- 事例39 「私のお家に遊びにおいで」／159
- 事例40 「切って、折ってなにができるかな？」／160
- 事例41 「おしゃれなくつやさん」／161
- 事例42 「オリジナル植木鉢—作ったものを生活に生かそう—」／162

### おおむね5〜6歳児
- 事例43 「絵本を読んで、絵を描こう—例『まじょのくに』—」／163
- 事例44 「土粘土遊び」／164
- 事例45 「経験したことを描いてみよう」／165
- 事例46 「絵本のなかに入ってみよう」／166
- 事例47 「自然物を使って表現してみよう」／167
- 事例48 「フィンガーペイント」／168

```
＊事例協力＊
・城南短期大学附属幼稚園（大阪府大阪市）
・住の江幼稚園（大阪府大阪市）
・住の江幼稚園キッズアートクラブ
・千里山やまて学園（大阪府吹田市）
・たちばな保育園（大阪府茨木市）
・たんぽぽ安威保育園（大阪府茨木市）
・たんぽぽ保育園（大阪府茨木市）
・たんぽぽ中条保育園（大阪府茨木市）
・東粉浜幼稚園（大阪府大阪市）
・やわらぎ保育園（大阪府南河内郡）
・保育造形研究会
```

造形遊びの事例

### 事例1　おおむね0歳児

# 「いない　いない　ばぁ」

### どんなことをやるの？

　段ボール箱やベビーベッドの下部に、子どもが這って入れるトンネルをつくります。トンネルの入り口にはすずらんテープを暖簾状にしたカーテンをつけたり、壁にはいろいろな大きさの穴を空けて素材を入れたり、子どもがのぞいたりできるようにします。保育者は「いないいないばぁ」遊びや、「まてまてまて～」と声をかけ、子どもがハイハイで逃げる遊びをします。

### 子どもの様子

　子どもたちはトンネルに興味をもって、四つ這いで入っていきます。保育者に見つけてもらうために、カーテンに隠れたり、くりぬいた穴から顔をのぞかせたりします。素材の出し入れと、保育者の身振りや言葉がけで、繰り返し全身を使ったやり取り遊びが楽しめます。

### 配慮事項

・段ボール箱は、子どもが寄りかかったり、乗ったりします。箱の大きさ、上部の開放、床への固定など、保育者間で事前に子どもの発達とあわせて話し合っておきます。
・段ボール箱の切り口は子どもが指を切らないように、テープなどを貼ってカバーしておきます。
・ベビーベッドは、子どもが頭を打たない程度の高さのものを使います。

● 準備物
ベビーベッドの下に段ボールなどを貼ってつくったトンネル、段ボールでつくって穴を空けたトンネルや家、穴に入れるもの（積み木など）。

「いないいないばあ！」

「入ったかな？」

事例2　おおむね0歳児

# 「おみず　ぴちゃぴちゃ　ぎゅ〜…」

### どんなことをやるの？

　夏の時期に、広めのテラスにござを敷き、水を使った遊びをします。エアパッキンを切ったもの、色水の入ったペットボトルなどを水につけたり、スポンジには水を含ませてしぼったりして水の感触を楽しみます。

### 子どもの様子

　空気が密封されたエアパッキンは水に入れても浮きますし、色水の入ったペットボトルは水に入れると、揺ら揺ら漂います。スポンジは水を含むのでもち上げて、ぎゅ〜っと絞ると…少しずつ水が出てきます。この様子が不思議で、何度も絞っては、スポンジを水につけ、足元に水をかけるなどします。色水の入ったペットボトルを振ってみたり、スポンジを浮かべたりします。

不思議…？

### 配慮事項

・小さめのおけをいくつか用意します。
・材料や水を口に入れることがありますので気をつけましょう。

> ● 準備物
> いろいろな形のスポンジ、牛乳パックや大きめのエアパッキンを切ったもの、色水の入ったペットボトル、おけやござ。

「お水をどうぞ」

### 事例3　おおむね0歳児

# 「つまんでポットン…」

### どんなことをやるの？

お手玉や積み木、短く切ったホースなどをたくさん用意します。穴の空いた段ボール箱やペットボトルなどと組み合わせて遊び、指先を使ってつまんでは穴にポットンポットンと入れ、何度も繰り返し楽しみます。

### 子どもの様子

子どもは大きな穴に大きな素材を入れることができたら、次第に、指先を使って小さな穴に小さな素材を入れようとチャレンジしていきます。ぴったりサイズの穴が気に入った子どもは、指先に力を入れて押し込むのに夢中です。段ボール箱は、数人で一緒に遊び、素材が床に落ちるとそれぞれの素材の音の違いにも気づきます。一人でじっくり遊びたい子どもはペットボトルを使い、口からや、横に空いた穴から素材やおもちゃをどんどん入れていきます。

### 配慮事項

・穴はポトンと簡単に入る大き目のサイズから、指先に力を入れて押し込めるサイズまでをつくっておきます。
・段ボール箱は子ども同士かかわりを楽しみながら遊べるよう、またペットボトルは一人でじっくり落ち着いて遊べるように用意します。

> ● 準備物
> 穴を空けて切り口をカバーした段ボール箱やペットボトル、穴に入れるもの（短く切ったホース、積み木、お手玉など）。

チャレンジ！

「こんなところからも入るよ」

ぎゅーと押して

> 事例4　おおむね0歳児

# 「ひっぱれ〜」

### どんなことをやるの？

子どものロッカーに、クリアファイルの扉を貼りつけ、子どもが自分で扉を開けるようにします。段ボール箱でつくった引き出しも入れておきます。ロッカーや引き出しのなかには遊べる素材や手づくりおもちゃを入れておけば、なかのものを探したり、引っ張り出したりします。

「穴がある！」

### 子どもの様子

一人の子どもが扉を開け、素材などが入っているロッカーを探し始めると、他の子どもも集まってきます。ロッカーをのぞいたり、全身でロッカーのなかを探したり、すべてのロッカーを開けて探索し、素材を発見して取り出します。取り出したものを容器に集めると、今度は段ボールの引き出しに自分が入ろうとします。

「全部出しちゃえ！」

### 配慮事項

・扉やダンボール箱の切り口はけがをしないようにテープなどでカバーしておきましょう。
・ロッカーのなかには、遊べる素材やおもちゃを少しずつ入れておき、牛乳パックでつくった手提げなど、素材やおもちゃを集められる容器を用意しておくと、遊びが展開していきます。

「ぼくも入れるかな？」

● 準備物
クリアファイルの角を落として扉を貼った子ども用ロッカー、段ボールに取っ手をつけた引き出し、なかに入れる素材や積み木、手づくりおもちゃなど。

事例5　おおむね0歳児

# 「出したり入れたり転がしたり…」

### どんなことをやるの？

ミルク缶を触ってもち上げてみると……なかになにか入っていることに気づきます。手を入れて取り出すとフィルムケースでつくったガラガラや、布でつくったひもが出てきます。紙管でできたイスをもち上げると下からはおもちゃが出てきます。見つけたときのうれしさと、どんどん出しては入れていく楽しさがあります。

ころころ〜、「おっかけるよ〜」

### 子どもの様子

紙管を集めてつくったイスや、布カバーをつけたミルク缶から、おもちゃや素材を出したり入れたりします。音のする手づくりおもちゃをみつけると振って音がすることに気づきます。転がるおもちゃは、ハイハイしながら転がして追いかけます。紙管のイスに座ったり、イスを押し歩きしたりします。フィルムケースのガラガラは紙管にぴったり入るのがおもしろく、一つずつ筒に入れていきます。

イスを押して、「よいしょよいしょ」

### 配慮事項

・容器をつないだガラガラはなめても容器がとれないようにします。
・ミルク缶や紙管を子どもがもち上げたり転がしたりするので、ゆとりあるスペースを確保しておきましょう。

> ● 準備物
> 布カバーのあるミルク缶、紙管のイス、ショートパスタなどの素材を入れて容器をつないだガラガラ、レシートの芯などの小さい紙管。

事例6　おおむね１歳児

# 「寒天で遊ぼう！」

### どんなことをやるの？

容器に入れて冷やし固めた寒天を使い、感触を楽しみます。少し冷たく涼しげで、夏の暑い日にはピッタリの遊びです。

### 子どもの様子

まずは指先でツンツン突いたり、そっと触れたり、子どもたちはとても慎重に触り始めます。そして、つかんだり、握りつぶしたり、細かく粉砕したりとさまざまな感触を楽しみます。カップなどの容器やスプーンを用意すると、すくったり、容器から容器に移し替えたり、食べ物に見立てたりと遊びが広がっていきました。

### 配慮事項

- 感触遊びが苦手な子どもには、無理に触らせず、ポリ袋に入れたり、スプーンや容器を使ったり、汚れたらすぐにふくなど安心して遊べるような配慮が必要です。
- 滑りやすくなるので、床に散らばった寒天は容器に集め、乾いた雑巾でこまめにふきましょう。

● 準備物
寒天（煮溶かして容器に入れ冷やし固める。着色は食紅を使用）、容器類、スプーン、シート、乾いた雑巾。

そっと慎重に

細かく握りつぶして

スプーンですくって

造形遊びの事例

事例7　おおむね1歳児

# 「新聞紙で遊ぼう！」

### どんなことをやるの？

新聞紙を子どもが扱いやすい小さなサイズに切り、一人ずつ箱に入れて手渡します。子どもたちは、新聞紙を破ったりちぎったり丸めたりするなかで、新聞紙の感触を楽しみます。

### 子どもの様子

箱のなかから新聞紙を取り出し、ビリビリ破ったりさらに細かくちぎったり、手のひらや指先を使って丸めたりと、新聞紙の感触を楽しみながら遊びます。牛乳パックなどの容器を用意すると、新聞紙を詰め込んだり、出し入れを楽しんだり、箱と組み合わせたりと自分なりの遊びを展開していきました。

子どもが扱いやすいサイズで

### 配慮事項

・体全体を使ってのダイナミックな遊びではありません。子どもが自分なりのペースで落ち着いて遊べるよう、一人ひとりの思いを感じ取りながら、ゆったりとしたかかわりを心がけましょう。

・床に広がった新聞紙を踏むと滑ることがあります。散乱した新聞紙は箱にまとめ直し、子どものそばに置いてあげましょう。

● 準備物
新聞紙、箱、牛乳パック（注ぎ口を切り落としたもの）。

グチャグチャ…。手のひらを使って丸めています

ビリビリ…。破くときの感触が楽しそう！

牛乳パックに詰めたり、箱に集めたり

事例8　おおむね1歳児

# 「アルミホイルをめくって遊ぼう！」

### どんなことをやるの？

いろいろな素材をアルミホイルで包んでおきます（右図）。子どもたちはなにが包まれているのか興味津々！　次から次へとアルミホイルをめくって遊びます。

### 子どもの様子

まずはアルミホイルをめくることに夢中です。部屋の片隅など自分の落ち着ける場所にもって行ったり、足を大きく開いて座り自分の"もの"を確保したり、それぞれのスタイルで活動を始めました。めくることを十分楽しんだ後、アルミホイルを丸めて容器に入れたり、出てきた素材で遊んだり、さまざまな遊びに展開していきました。

何が入っているのか興味津々　　指先を使っていねいに

### 配慮事項

・アルミホイルをめくっていくだけでも楽しいですが、包んでおく素材の組み合わせを工夫することで、子どもの遊びに広がりや深まりが出てきます。
・なんでも口に入れる時期は過ぎていますが、誤飲には注意しましょう。

● 準備物
アルミホイル、包むもの（洗濯バサミ、ペットボトルのフタ、木の棒、容器類など）。

出てきた素材を使って遊びに展開

造形遊びの事例

### 事例9　おおむね1歳児

# 「容器がいっぱい！」

### どんなことをやるの？

大量の容器と穴の空いた段ボール箱、紙管などを用意し、子どもたちがどんな遊びを展開するのか見守ります。

箱に容器を集めて

紙管に容器を入れ、繰り返し楽しんでいます

### 子どもの様子

紙管や段ボール箱の穴に容器を入れる行為を何度も繰り返したり、集める・並べる・積むなどといった構成的な遊びを楽しんだり、一人ひとりの子どもが自分なりの遊びを見つけ楽しみました。そのなかで、子ども同士かかわるきっかけを見つけ、遊びを共有し一緒に遊ぶ姿も見られるようになりました。

### 配慮事項

・保育者が遊びを誘導するのではなく、見守り待つ姿勢で臨むのが基本ですが、自分で遊びを見つけられない子どもにはそばに寄り添い、遊ぶきっかけをつくってあげることも必要です。
・活動のなかで、遊びの共有やケンカといった人とのかかわりが始まります。保育者が子どもと子どもをつなぐ人的環境となるように心がけます。
・容器の立てる軽やかな音も楽しさの要因ですが、蹴ったり踏んだりといった乱暴な遊びにならないよう、散乱している容器をまとめるなど遊びの環境を整え穏やかな保育となるようにしましょう。
・容器の種類を限定することで、遊びが深まる傾向にあるようです。

段ボール箱の穴に容器を入れて

「いっぱい並べよう！」。遊びを共有し、一緒に遊ぶ姿も

● 準備物
大量の容器、穴の空いた段ボール箱、紙管、箱など。

事例10　おおむね1歳児

# 「ひっかけて遊ぼう！」

### どんなことをやるの？

日常生活のなかで使用するS字フックも、たくさんあると楽しく遊べます。ひもや金網なども用意し、テープの芯やリングなど引っかけるものと組み合わせて遊びます。

### 子どもの様子

ひもや金網などに、どんどんS字フックを引っかけて遊びます。容易に手が届く場所だけでなく、ぎりぎり届きそうな高さにもひもを張っておくと、精一杯手を伸ばし夢中になってフックをかけていました。また、テープの芯やリングなどを用意すると、テープの芯にフックをかけて集めたり、フックにリングをたくさんかけたり、組み合わせを楽しんだりと遊びが広がっていきました。

S字フックとテープの芯を組み合わせて

精一杯、手を伸ばして

テープの芯にフックをかけて集めています

### 配慮事項

フックに衣類や鞄を掛けるといった日常生活のなかでの何気ない行為も、子どもにとっては遊びにつながります。そんな生活のなかでの子どもの興味・関心に目を向け、造形遊びに取り入れてみましょう。

- ● 準備物
  S字フック、ひも、金網、リング、テープの芯など。

フックにリングをいっぱいかけて

事例11　おおむね1歳児

# 「小麦粉粘土で遊ぼう！」

### どんなことをやるの？

　塩を入れた小麦粉に水を少しずつ加え練っていきます。まとまってきたら少量（10円玉大）のサラダ油を手のひらに伸ばし、小麦粉粘土になじませ、さらに練り込みます。粘土を作る過程も楽しいですが、できあがった粘土を触って遊ぶだけでも、柔らかな感触が気持ちよく、丸めたりのばしたりといった活動が楽しめます。

### 子どもの様子

　粉の状態から水を加え練っていく場合、粉の感触と水を加えたときの感触、まとまって粘土になったときの感触と、まったく違う感触に驚きます。手につく感触を嫌う子どもには、粘土に粉をまぶしたり、指でつまめるよう小さく丸めたりしておくと少しずつ安心して触り始めます。また、ちぎったり、のばしたり、丸めたりと感触を存分に味わった後、容器に入れたり、ストローやマカロニなどを突きさしたり埋め込んだりといった活動も楽しめます。

マカロニやビーズを埋め込んで

ストローを突きさして

### 配慮事項

・アレルギー反応を起こす子どもへの確認・配慮などは必ず行います。
・作ってすぐに使えますが、作り置きをする場合には、腐りやすいのでビニール袋に入れ必ず冷蔵庫に保管しましょう。
・手についた粘土は水洗いせず、粉を振りかけてこするときれいに取れていきます。

● 準備物
小麦粉、塩、サラダ油、水、食紅、容器、ストロー、マカロニ、ビーズなど。

事例12　おおむね1〜2歳児

# 「ひもとおし」

### どんなことをやるの？

ひもやリボン、モールなどにビーズやストロー、穴を空けた画用紙などを通して遊びます。

### 子どもの様子

初めての"ひもとおし"（1歳児）では、通しやすいようモールや水引など手にもってピンと立つような素材を使いますが、慣れてくるとひもやリボンなどでも通せるようになります。また、通し方や素材の選び方にも、その子なりのこだわりやリズムのようなものが表れ、同じ種類のものばかりを選んで通したり、通し方のルールを作ったりといった活動が見られます。2歳児ではひもにビーズ類を通すだけでなく、台紙の穴にひもを通したりビーズ類に通したりと複雑な通し方を楽しみます。

### 配慮事項

きれいに上手に通すことが目的ではありません。"通す"という行為そのものを楽しめるよう、一人ひとりの思いに目を向け、必要としている素材を補充するなど、きめ細やかな配慮を心がけましょう。

〈1歳児〉
モールを使って

〈2歳児〉
通し方や素材の選び方にもその子なりのこだわりやリズムがあります

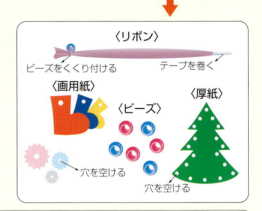

● 準備物

ひも・リボン・モール・水引きなど、台紙（厚紙・紙皿など）、ビーズ・ストロー（短く切ったもの）・色画用紙（穴を空けておく）など。

造形遊びの事例

### 事例13　おおむね2歳児

# 「絵の具グチュグチュ…」

### どんなことをやるの？

たっぷりと絵の具を浸み込ませたタンポ（右図）を使い、グチュグチュ…絵の具の感触を味わいながら、塗ったり描いたりを楽しみます。

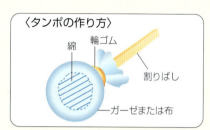

### 子どもの様子

タンポでトントンと丸い型をつけたり、グチュグチュ塗り広げたり、段ボール箱の側面にギュッと押しつけ絵の具の流れ落ちる様子を楽しんだりと、まずはタンポを使って遊び始めました。慣れてくると手で絵の具を塗り広げたり、手や足に絵の具を塗ったりと徐々にダイナミックな絵の具遊びに展開していきました。

タンポでグチュグチュ…

### 配慮事項

- 赤や緑などの原色は手につくと抵抗を示す子どもが多く、洗っても色が落ちにくいので、ピンクや水色、白などソフトな色合いのものにしましょう。
- 汚れを嫌う子どもには、絵の具がつくとすぐにタオルでふいてやるなど、子どもの気持ちに寄り添い、安心できる環境をつくります。
- 戸外での遊びですが、真夏には木陰や日よけを利用するなど、熱中症対策も必要です。

ダンボール箱に絵の具をつけて遊んだ後は、手にも…

● 準備物
絵の具、容器、段ボール箱、タンポ。

足にも！

手のひらで塗り広げています

133

事例14　おおむね2歳児

# 「床全体を使った構成遊び」

### どんなことをやるの？

保育室の床に「しかけ」として画用紙やテープを貼り、床面と「しかけ」の関係を意識して遊べるようにしておきます。子どもたちはこの環境に応じて、タイルやペットボトルのフタなどを集めたり並べたりして遊びます。

保育室の床に貼った「しかけ」

### 子どもの様子

保育室に入ってくると、床に貼られた「しかけ」に大喜び。まずは、線の上を歩いたり三角や四角のなかに入ったり、床の「しかけ」だけで遊びます。小さなタイルを小箱に入れて渡すと、そっと振って音を確かめ、箱から取り出すと、画用紙の上にタイルを集めたり、線に沿って並べたりと構成的な遊びに展開していきました。

「四角のなかに集めよう！」

### 配慮事項

- ここでは、小さなタイルを使用しましたが、ペットボトルのフタなど、小さくて大量に集まりやすいものならなんでもOKです。身の回りの素材に目を向けてみましょう。
- 個々の遊びが充実するよう十分な量の素材を用意し、遊びの様子に応じて量を加減しましょう。少なすぎると取り合いのケンカが起こり、多すぎると乱雑になります。言葉がけなど直接的なかかわりだけでなく、"もの"や場など遊びの環境を整えていくことも大切です。

画用紙の上に並べて

線に沿って並べています

> ● 準備物
> 画用紙、テープ（ビニールテープ、養生用テープなど）、タイル、ペットボトルのフタなど。

造形遊びの事例

# 「プレゼントをどうぞ！」

### どんなことをやるの？

包装紙で包んだ箱（プレゼント）のなかには、子どもが興味をもって遊べる素材を入れておきます。子どもたちはなかになにが入っているのか興味津々で開けていきます。

子どもの興味・関心をもとに

### 子どもの様子

プレゼントを手にした子どもたちは、まずはなかに入っている素材を確かめます。そしてその素材を使って遊び始めます。箱のフタをトレーにし、ものを乗せて運んだり、包装紙を使って包む活動を楽しんだり、包装紙の上に素材を並べ自分の場所を確保したり、包装紙をテーブルやランチョンマットに見立ててごっこ遊びを楽しんだり、ロッカーをレンジに見立てたりと、すべてのものを遊ぶ"もの"として活用していきました。

箱のなかの素材を使って遊びます

### 配慮事項

・プレゼントのなかには、積む・並べる・集めるなどができるもの、入れたり出したりが楽しめるもの、指先を使った遊びができるもの、ごっこ遊びに展開できるものなど、日頃の子どもの興味・関心をもとに、夢中になって遊ぶ子どもの姿を思い浮かべながら、詰め合わせましょう。

・なかに入れる素材は予備を用意しておき、子どもの遊ぶ様子を見て、必要に応じ追加します。

● 準備物

プレゼントの箱（素材を詰め合わせ包装紙で包む）、なかに入れる素材（容器類、小箱、ペットボトルのフタ、ボタン、シール、花紙など）。

### 事例16　おおむね2歳児

# 「積み木と箱を組み合わせて」

### どんなことをやるの？

積み木と箱を組み合わせて遊びます。積み木だけでも積んだり並べたりといった構成的な遊びを楽しめますが、箱と組み合わせることで、遊びに広がりが出てきます。

### 子どもの様子

小箱に積み木を詰めたり、並べた小箱に積み木を乗せ電車に見立てたり、平たい箱に小箱を集め積み木を一つずつ規則的に入れたり、積み木と箱の組み合わせ方にそれぞれのこだわりが見られます。また、構成を楽しんだり、部屋の片隅でお店やさんごっこが始まったりと、いろいろな遊びに展開していきました。

### 配慮事項

・同サイズの小箱が揃っていると、小箱を集めたり並べたりすることもできます。なければ牛乳パックなどを切って作りましょう。
・個々の遊びが充実できるよう素材の量は十分に用意しますが、一度に出すのではなく、子どもの遊ぶ様子を見て量の加減をします。床に散乱するようであれば整理し、遊びの邪魔にならないよう環境を整えましょう。

● 準備物
積み木、箱。

小箱に積み木を詰めるのに夢中！

電車に見立てて一緒に遊んでいます

平らな箱に小箱を集め、積み木を一つずつ入れています

積み木と箱を組み合わせ、構成を楽しんでいます

造形遊びの事例

事例17　おおむね2歳児

# 「トイレットペーパー粘土・1」

### どんなことをやるの？

トイレットペーパーをちぎってバケツなどの容器に入れ、水または色水を加えてしっかりこねると粘土のできあがり。水加減により感触が違うので、いろいろな感触のものを作っておいてもいいです。子どもたちは粘土の感触を楽しむだけでなく容器やスプーンなどを使いさまざまな遊びを展開します。

慎重に指先でツンツン

容器にギュッギュッ！

### 子どもの様子

まずは慎重に触り始めますが、慣れてくるとギュッと握って水を搾り出したり、手でつかんで容器に詰め込んだり、粘土の感触を楽しみながら遊びます。さらに、容器に入れて型を抜いたり、容器から容器に移し替えたり、スプーンですくって容器に分けたりと一人でじっくり遊ぶ姿が見られました。また、食べ物に見立てて保育者や友だちとごっこ遊びを楽しみました。

スプーンを使って

### 配慮事項

・トイレットペーパーを引っ張り出す遊びも楽しいものです。それを使って粘土作りにつなげて遊ぶことで、資源を無駄にせず大切に使うことができます

友だちと一緒に

● 準備物

トイレットペーパー（パルプ100％のものが色がきれいで感触も柔らかです。室内で使用する場合には特に無香料のものが適切）、容器類、スプーン。

事例18　おおむね2歳児

# 「ハサミでチョキチョキ」

### どんなことをやるの？

ハサミの使い方や紙のもち方の指導はしますが、ハサミを使う"練習"ではなく、紙を切る"楽しさ"を遊びのなかで味わえるようにします。

### 子どもの様子

初めてハサミを使う場合は、幅約1～2cmの紙を使い1回で「チョキン！」と切り落とします。紙をずらしながら端からどんどん切り落とし何度も繰り返し楽しみます。慣れてくると幅約4～5cmの紙を使い、「チョキチョキ…」とハサミを2～3回動かし切り落とします。これらの活動を十分に楽しむと、今度は紙を縦にして長く切り進んでいきました。切った紙は大事に集め、容器に入れ、ごっこ遊びに展開しました。

### 配慮事項

初めてハサミを使用するときには、保育者が手を添え一緒に切ったり、紙をピンと張ってもってあげたりと、一人ひとりへのていねいな援助が必要です。

- ● 準備物
  画用紙、ハサミ、容器類。

1回でチョキン！

チョキチョキ…。ハサミを2～3回動かして切り落とします

紙を縦にして長く切り進んでいます

容器に入れて「ごっこ遊び」に

保育者が手を添えて一緒に

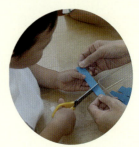

紙をピンと張ってあげる援助

造形遊びの事例

事例19　おおむね2歳児

# 「洗濯バサミを使って」

### どんなことをやるの？

洗濯バサミを使い、牛乳パックやひもと組み合わせはさんで遊びます。

### 子どもの様子

子どもは身の回りのいろいろなものに興味をもって遊びます。洗濯バサミもその一つですが、0歳児でははさんでいる洗濯バサミを引っ張って外したり、牛乳パックに入れたり出したりを楽しむだけの活動でしたが、2歳児になると手の機能も発達し、はさむことができるようになります。ひもに洗濯バサミをはさんで並べたり、洗濯バサミ同士を長くつないだり、並べた牛乳パックをつないだり、牛乳パックの縁にはさんで集めたりと、指先を使い夢中になって遊びました。

牛乳パックの口をはさんで留めています

洗濯バサミを長くつないで

牛乳パックを長くつなぎました

牛乳パックの縁にいっぱいはさんで

### 配慮事項

・洗濯バサミは、バネが強すぎると扱いにくいようです。事前に、はさみ具合をチェックしておきましょう。
・一人につき20～50個程度あると遊びが広がりやすくなります。できるだけたくさん用意しましょう。
・布を使い、洗濯ごっこや布をはさんで遊ぶといった展開も楽しいです。

● 準備物
洗濯バサミ、牛乳パック（上部、中部、底部の3種類に切っておく）。

事例20　おおむね2歳児

# 「シュレッダーの紙がいっぱい！」

### どんなことをやるの？

シュレッダーにかけた紙をたくさん用意し、ダイナミックに体全体を使い、紙の感触を味わいながら遊びます。

### 子どもの様子

手や足で感触を確かめ、体にかけたり、もぐったりとダイナミックに活動が始まりました。友だちと一緒にたくさんの紙をもち上げたり、こっそり後ろから紙をかけにいったり、ほのぼのとしたかかわりも多く見られました。様子を見て容器類を出すと、ギュッと詰め込んだり容器から容器に移し替えたり、ダイナミックななかにも落ち着いた遊びが展開しました。最後は、みんなでポリ袋に入れて片づけです。

### 配慮事項

シュレッダーや紙の質によって、柔らかさや細かさが異なります。ここでは長い紙を使用しているので、大き目の容器を用意しましたが、短くて細かいものには、プリンカップなどの小さい容器やスプーンなどが使えます。準備物によってダイナミックな遊びやごっこ遊びなど、子どもたちの遊びの展開が違ってきます。事前の材料研究や準備にも、ていねいな姿勢が求められます。

- ●準備物
  シュレッダーにかけた紙、容器類、ポリ袋。

友だちと一緒に

友だちの後から…。ちょっといたずら

容器に入れて…

造形遊びの事例

事例21　おおむね3歳児

# 「透明素材をつなげて」

### どんなことをやるの？

　クリアファイルやストローのような透明素材を使って、ひも（リボン）通し遊びをしながら飾りを作ります。細く切ったクリアファイルに穴空けパンチでところどころに穴を空けます。そこに油性マーカーで好きな絵を描き、輪状にします。それをひも通しの一つの素材として使い、ほかにストローを短く切ったものなど、自由にひもに通して飾りを作ります。

### 子どもの様子

　画用紙などの紙に描くときと違う、つるつるとした素材に描くことでいろいろな素材感を楽しみます。また、透明の素材に描いているため、透かしてみようとするなど、光の透過も楽しんだりします。

### 援助について

　絵の内容やつなぎ方に決まりはありません。子どもたちが思いのままに楽しめるような環境づくりを心がけます。いつもと違う素材や透明感など、子どもたちが意欲的に取り組めるようなことを伝えるようにします。リボンのように幅の広いひも素材を使うことで、通した素材を途中でとめることもできます。

### 発展や展開

　透明素材を使った飾りを飾るときは、光が差し込む場所を使うことで透明感を生かすことができます。

● 準備物
クリアファイル、油性マーカー、リボン、まくらビーズ。

つるつるとした描きごこち

「光にあてると、どんなふうに見えるかな？」

ビーズの色や種類、いくつ通すかなどいろいろ楽しんでみよう

事例22　おおむね3歳児

# 「シールで遊ぼう」

### どんなことをやるの？

いろいろな大きさの丸いシールを画用紙の好きな場所に貼って遊びます。自分なりに色を選んだり、大きさを選んだり、貼る場所を考えてみたり……と自分なりの色のリズムを楽しみながらシール貼り遊びをします。今回は、子どもたちの活動への入りやすさを考慮して、事前にテープ状の画用紙を貼ったものを用意しています。

いろいろなシールを使って楽しみます

### 子どもの様子

貼られているテープ状の画用紙に並べるように貼ったり、一つの画用紙の上に一つのシールを貼ったりと、それぞれの貼り方を楽しみます。シールを剥離紙からはがすのも楽しみの一つになります。

シールの貼り方もそれぞれです

テープ状の画用紙の上に重ねて貼らないのも1つの表現です

### 援助について

貼って遊ぶなかにも、画用紙やシールの色の統一感や色合いを考慮して準備することで子どもたちは色の楽しさを感じることができます。また、それぞれの子どもたちの貼り方に共感する姿勢をもつことが大切になってきます。はがし終えた剥離紙の片づけなども考慮するようにします。

### 発展や展開

シールや画用紙の色合いや形を変えたり、画用紙を他の素材に変えたりすることで子どもたちの表現も広がります。

● 準備物

画用紙、丸型シール、パンチ穴補修・補強シール。

造形遊びの事例

事例23　おおむね3歳児

# 「クリスマスツリー」

### どんなことをやるの？

　正方形に切った緑色の画用紙を準備します。子どもたちはそれを対角線で半分に折ります。その折り目を切ることで三角形を二つずつくります。それをツリーの葉の部分に見立てて重ねながら貼りつけていくことでそれぞれのクリスマスツリーを表現します。

　クリスマスツリーに飾りをつけたいという思いが高まれば、水性マーカーを用意して、絵を描き加えていきます。

### 子どもの様子

　高く積み上げるように貼ることにこだわる子やたくさん数を増やすことに楽しさを見つけるなど、ツリーの貼り方にもいろいろな表現が見られます。

　クリスマスに興味をもっている子どもたちも多く、クリスマスに関することを先生や友だちとおしゃべりしながら描いたりする姿も見られます。

### 援助について

　ツリー用の緑色の画用紙も一色ではなく、数色準備しておくと子どもたちが好きな緑色を選ぶことができます。絵を描くときは、ツリーから発想したものばかりではないこともあります。絵を描くことを楽しむという視点で見ることで子どもたちの発想も広がっていきます。

### 発展や展開

　周囲に穴を空け、モールをくくりつけるなど飾りを増やすこともできます。

- **準備物**
  段ボールシート、画用紙、水性マーカー、ハサミ。

何度もハサミを動かして、慎重に切っています

大きなツリーができました

ツリーをきっかけにいろいろなお話が出てきました

> 事例24　おおむね3歳児

# 「ケーキをつくろう・1」

### どんなことをやるの？

発泡スチロールをケーキの土台に見立て、木工用ボンドに絵の具で色づけしたものをクリームにして接着します。また、その色つきの木工用ボンドを飾り用のクリームとして使ったり、モールやビーズ、小片のダンボールや木の実などを飾りつけるための接着剤としても使ったりします。

### 子どもの様子

発泡スチロールの重ね方を考えながら、高く積むことを楽しむ子どもや大きなものを作ることを楽しもうとする子どもなど重ね方もいろいろです。ボンドに色がついていることで、どのように塗るのかを意識的に考える子どももいます。

飾りをつける場面では使う素材にそれぞれの子どもなりの思い入れがうかがえます。

### 援助について

子どもたちがどの素材を好んで使っているか、どのような表現を楽しもうと思っているかを感じ取り、どの素材を勧めるか、どこに共感するかを考えます。

### 発展や展開

つくったものを紙皿やレースペーパーの上に飾ると、よりケーキらしく見えます。

● 準備物
発泡スチロール、木工用ボンド、絵の具、モール、ビーズ、自然物。

いろいろな飾りのつけ方を楽しんでいます

自分の気に入った素材を多く使用する子どももいます

飾ることによって、いろいろな作品を見て楽しむことができます

造形遊びの事例

事例25　おおむね3歳児

# 「ケーキをつくろう・2」

### どんなことをやるの？

　いろいろな大きさの四角形に切った画用紙をケーキの土台にします。画用紙を組み合わせて好きな形のケーキをつくります。

　飾りつけに使用する画用紙は果物の色をもとにして選びます。小さめに切った果物用の画用紙を準備しておきます。必要に応じてハサミで果物らしく見えるように切ります。

　木工用ボンドに絵の具を加えたものをケーキのクリームにします。接着材料や飾りとして筆で塗って使います。

貼り方、塗り方にも、その子なりの表現が見られます

### 子どもの様子

　ケーキの土台となる画用紙の重ね方もさまざまです。1段のケーキだけで終わりそうだった子どもも、他の子どもたちの活動を見て、もう1段、土台になる画用紙を貼りつけ、さらに活動を続ける子どももいます。

### 援助について

　ケーキの土台の画用紙・果物の画用紙・クリーム…と決まった手順で出すのではなく、子どもの興味や進み具合、他の子どもたちの活動を意識させることによって、前の活動に戻ったり、進めたりできるような柔軟な対応を心掛けるようにします。

### 発展や展開

　ストローを使ってろうそくにしたり、他の材料を飾りとして加えることで遊びが発展していきます。

● **準備物**
画用紙、のり、ハサミ、絵の具。

いろいろな形の組み合わせ

一つひとつの果物にろうそくを貼りつけています

145

事例26　おおむね3歳児

# 「小麦粉粘土でパン屋さん」

### どんなことをやるの？

小麦粉粘土をパンの生地に見立てて遊びます。小麦粉粘土は事前につくって用意しておきます。子どもたちは小麦粉粘土を好きな分だけとり、丸めたり、丸めたものを重ねたり、広げたりします。また、粘土ベラ代わりのプラスチック製のナイフなどを使って切れ目を入れたりして、パンづくりを楽しみます。

### 子どもの様子

パンづくりというきっかけによって、通常の粘土遊びよりも活動に入りやすくなる子どももいます。自分が知っているパンをつくってみるなど、家庭での日常生活が垣間見える言動なども出てきます。

### 援助について

小麦粉粘土のみで遊ぶだけでなく、できあがったパンを乗せるために、お弁当用のカップなども用意し、遊びの展開に合わせて出します。最初から出さずに、子どもたちの活動に合わせて提示することが大切です。

### 発展や展開

チョコレートやクリームに見立てた絵の具をパンにかけても楽しめます。パン屋のごっこ遊びに発展させる場合は、パン置き場や焼くための場所を工夫して取り入れます。

● 準備物
小麦粘土、お弁当カップ、絵の具。

入れ物を工夫することでより雰囲気を楽しむことができます

パン屋さんになった気分で遊びます

置き場所もいろいろ考えましょう

事例27　おおむね3歳児

# 「スライムで飾ろう」

### どんなことをやるの？

数色つくったスライムをお菓子づくり遊びの材料に使います。スライムをカップのなかに入れ、その上にさまざまな色の小さく切ったスポンジや色づけして粘土状にしたトイレットペーパーなどを加えて飾っていきます。

### 子どもの様子

好きな色のスライムを選び、透明なカップに入れます。数色つくっているため、色の層を考えながら入れている子どももいます。飾りのスポンジが時間の経過とともにスライムのなかに少し沈み、その変化に気づいたりします。

さまざまな色の層を楽しむことができます

### 援助について

食用色素などを使ってスライムの色をつけると透明感のあるスライムになります。透明の容器と合わせて使って、色の層やスポンジの色がよく見えるようにします。組み合わせる色合いなどにも目を向けられるような言葉をかけることで、子どもたちの色に対する思いも少しずつ深まってきます。

### 発展や展開

スポンジのように、置く材料だけでなく、モールやストローなど棒状の素材を使って、差し込む飾りを加えても楽しめます。

- **準備物**
  スライム、スポンジ、トイレットペーパー、カップ類。

みんなの作品を飾って雰囲気を盛り上げましょう

事例28　おおむね3歳児

# 「きのこのおうち」

### どんなことをやるの？

　事前に画用紙できのこの形をつくっておきます。きのこの形が家に見えることを導入で伝え、どんな人たちが住んでいるかを考えながら絵を描いていきます。その後、いろいろな大きさのシールなどで家を装飾していきます。

### 子どもの様子

　なかに住んでいる人を描く子どもや、窓やドアを描いてそのなかに人を描いて、家のなかからのぞいているかのような表現で描く子どももいます。絵を描くことに楽しさを見つけ、絵を描くことに時間をかける子やシールで装飾することに楽しさを見つける子どもなど、いろいろな楽しみ方が見られます。

### 援助について

　同じ表現を繰り返したり、色を変えて表現したりすることに対して共感するなど、絵を描くことが楽しくなるような環境づくりを心がけます。あまり大きな画用紙ではなく、子どもたちの手のなかに収まるような大きさにすることで、絵を描ききることへの達成感を感じやすくします。

### 発展や展開

　子どもたち自身が画用紙を選び、自分なりのきのこの家をつくるところから始めると、より子どもたちの思い入れの込められたものをつくることができます。

同じものを繰り返し描くことも楽しみます

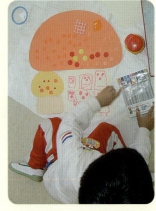

描き方や貼り方にもそれぞれの思いが見られます

● 準備物
画用紙、水性マーカー、丸型シール。

造形遊びの事例

事例29　おおむね3歳児

# 「バスで出発！」

### どんなことをやるの？

　バスの車体に見立てた長方形の画用紙と窓に見立てた小さな四角形の画用紙、タイヤになる丸い画用紙を準備します。

　窓になる画用紙に、乗っている人を描いてバスに貼りつけたり、先に窓を貼りつけてそこに絵を描いたりします。乗っている人だけでなく、バスの車体に絵を描いて模様をつけ、シールなども加え装飾を楽しみます。

描くことと貼ることを思いきり楽しみます

### 子どもの様子

　乗っている人を描きながら、自分がバスに乗っているかのようにバスの画用紙を動かす子どももいます。動かしながらさらに絵を描き加えていく姿も見られます。また、バスの車体やタイヤのつけ方に工夫をする子どもなどもいます。

窓を貼ることに喜びを見出す子も

表現上の巧拙にこだわらず、それぞれの思いを受け止めるようにします

### 援助について

　子どもたちの表現がどこに楽しさを見つけているかによって、かける言葉や素材の提示の仕方を変えます。タイヤの場所や窓の場所など、正しい場所に貼ることを伝えるのではなく、バスという乗り物をきっかけとして、どこに造形的な楽しさを感じているかを踏まえて援助します。

### 発展や展開

　1台だけでなく、活動を楽しめるなら何台つくっても構いません。つくったバス同士を連結させてつなげるのも楽しさにつながります。

● 準備物
画用紙、水性マーカー、のり。

事例30　おおむね4歳児

# 「トイレットペーパー粘土・2」

### どんなことをやるの？

　粘土の経験があまりない時期には保育者が事前にいろいろな感触のものを用意し、粘土の感触を楽しむことにねらいをしぼります（事例17参照）。しかし、感触を十分に経験したこの時期には、子どもたちが自分で粘土作りをするというところから始めることで、自分なりの感触を探す楽しみを加えるのもいいでしょう。乾かした後、作ったものをしっかり残したい場合には、水のりや木工用ボンドなどを加えます。感触遊びから成形する遊びまでの幅広い楽しさを感じることができます。

巻き取ることも楽しみの一つです。無駄づかいしないように言葉をかけていきます

### 子どもの様子

　トイレットペーパーを巻き取るのも楽しい様子です。使う粘土の量を考えて巻き取る子どもたちもいます。水を加えて混ぜ合わせる瞬間には歓声もあがったりします。水とトイレットペーパーの混ざり具合をゆっくりと楽しむ姿も見られます。

感触を思いきり楽しんだ後は、容器やカップも使いながらいろいろなものを作ります

### 援助について

　形づくることよりも、まずは粘土状になった感触を十分に味わえるようにします。

### 発展や展開

　水の量を加減することで粘土の触り心地も変わりますし、使える用途も変わってきます。色をつけたり、お弁当箱のような容器を用意したりすることで遊び方も変わってきます。

- ● 準備物
  トイレットペーパー、水、絵の具、容器、カップ類。

お弁当の容器を使用することで展開が変わります

造形遊びの事例

事例31　おおむね4歳児

# 「カレンダーをつくろう」

### どんなことをやるの？

　いろいろな素材を貼りつけて遊んだものを飾りにしてカレンダーをつくります。自然素材や人工的な素材など身の回りにあるものを使って自分なりの飾りを考えていきます。台紙に飾りとカレンダー部分を貼りつけます。

### 子どもの様子

　1年間飾るものをつくるという気持ちをもって意欲的に飾りをつくろうとする姿が見られます。
　用意する素材の種類が多くても、自分の使いたいものを選ぶようにもなってきます。接着が困難でもどのようにすれば貼りつけられるのかを考えたりします。

### 援助について

　壁に掛けて使用するため、大きすぎる素材では落ちてしまうことがあるため、立て掛けることを踏まえて材料を用意します。また、適切な接着方法も身につけるような言葉をかけ、今後の活動につながるようにします。

### 発展や展開

　カレンダーを季節ごとに分けて、飾る素材を変えて楽しめるものもつくれます。また、カレンダーの部分を絵に代えて、プレゼントにすることもできます。

- ● 準備物
画用紙、園芸用麻シート、ボタンや王冠など小物類、印刷したカレンダー、ボンド。

思い思いの材料を使って表現しています

配置なども考えながら貼っていきます

ボンドの使い方など、適切な接着方法も伝えていきます

事例32　おおむね4歳児

# 「色紙遊び」

### どんなことをやるの？

さまざまな色の画用紙を円や三角、四角の形に切って事前に準備しておきます。

形の組み合わせや色の組み合わせを楽しみながら思い思いに、形同士を貼りつけたり、台紙に貼りつけたりします。

### 子どもの様子

最初は一人で形を組み合わせることを楽しむ姿が多く見られますが、活動を進めるにつれ、友だち同士で組み合わせたりする様子も見られるようになってきます。色同士の組み合わせにも興味をもつ子どももいて、色と形のリズムを楽しむような活動も多く見られます。

### 援助について

子どもたちが自ら発想する表現を重視するため、準備する画用紙の形は、なるべく単純なものを用意します。具体的なイメージのあるものを作り出すだけでなく、まずは形や色のおもしろさを伝えることが大切です。また、友だち同士で活動をするようになるのであればそれを支える援助を行うことも重要です。

### 発展や展開

形や色を組み合わせて作ったものから発想して絵を描いたりして表現を楽しむこともできます。

● 準備物
円や三角、四角に切った画用紙、のり、水性マーカー。

形や色の組み合わせを楽しんだ後に、いろいろな模様を描き加えました

友だち同士でつなげあう姿も見られます

形の組み合わせからいろいろなものが生まれます

造形遊びの事例

事例33　おおむね4歳児

# 「リンゴの森へ行ってみよう！」

### どんなことをやるの？

子どもたちにリンゴの森からの手紙が届きます。そこにはリンゴの森に住んでいる動物たちの様子が書かれています。その話をもとにして絵を描いていきます。

### 子どもの様子

子どもたちはお話をきっかけにして、リンゴの森はどんなところかを自分なりに考えながら描き始めます。住んでいる動物たちから描き始める子どもたちもいます。友だちの絵を見たり、友だちと話すことで絵の世界を広げていったりする姿も見られます。

### 援助について

手紙は絵を描くためのきっかけに過ぎません。具体的な内容ではなく、子どもたちが「それだったらかけそう」と思える内容にします。描いているときは子どもたちの思いや発想を受けとめたり、広げたりするような言葉をかけるようにすると、それぞれの子どもたちの表現が出てきます。

### 発展や展開

画用紙をリンゴや木の形に切って、そこから絵を描き始めるのも一つの方法です。活動を楽しむ様子が続けば、いろいろな材料を使って、リンゴの森を立体的に作っていく活動につなげることもできます。

● 準備物
画用紙、パス。

みんなでお話を聞いて、イメージを膨らませます

リンゴをいっぱい描くなど繰り返しの表現を楽しんでいます

お話を展開させながら絵を描く子どももいます

事例34　おおむね4歳児

# 「パフェだいすき！」

### どんなことをやるの？

クリアファイルを、2枚重ねたままパフェの容器の形に切っておきます。子どもたちはパフェに入れたい材料からイメージして色画用紙を選び、好きな形に切ったり、絵の具で色を塗ったりします。それをクリアファイルの容器に、はさみ込むようにして思い思いのパフェをつくります。

さまざまな果物に見立てた画用紙をはさみ込みます

### 子どもの様子

好きな形の容器を選んだり、どの色の画用紙がおいしそうかなどと考えたりしながら選んだりします。容器に画用紙をはさみ込むときには、自分たちが食べたことのあるパフェを思い出しながら、位置を決めたりする姿なども見られます。

### 援助について

パフェの容器は数種類用意しておくと子どもたちが好きな形を選ぶことができます。パフェなどは子どもたちも知っていることが多いため、できるだけ子どもたちから出てくる発想を受けとめて共感するようにします。

コースターやスプーンも使って飾るのも方法の一つ

### 発展や展開

はさみ込む素材として画用紙だけでなく、アルミホイルやカラーセロファン、カラーホイルなどいろいろなものを用意すると表現が広がります。

● 準備物
クリアファイル、画用紙、ハサミ、絵の具。

造形遊びの事例

事例35　おおむね4歳児

# 「いろいろ虫の冒険」

### どんなことをやるの？

自分で作ったカラフルあお虫で遊ぶなかでイメージをふくらませ、思いついたものを画用紙に描きます。描きながら遊び、遊びながら描くことを楽しみます。

### 子どもの様子

最初に屏風折をした約15cmの細長い紙をあお虫に見立て、好きな色で色を塗り「いろいろ虫」を各自作ります。そして、先に糸をつけて引っ張ると自由に動かすことができます。子どもたちは友だち同士、いろいろ虫で話をしたり、部屋の隅やピアノの上などに散歩に出かけました。遊びが深まってきた頃、保育者から画用紙をもらうと、子どもたちはそこにいろいろ虫の家や食べ物や公園などを描いて楽しみます。

### 援助について

絵を描くことを急がずに、まずは子どもがいろいろ虫で遊ぶのを時間をかけて見守ります。保育者も一つ作って一緒に遊ぶのもよいでしょう。遊ぶなかでイメージが広がりますので、その頃を見計らって画用紙とペンを子どもたちの前に出すようにしましょう。

- ● **準備物**
  四つ切画用紙、カラーペン、15cm×2cmの紙、たこ糸。

いろいろ虫の模様はさまざま

いろいろ虫を動かして遊んでいるところ

「公園であそんでいるいろいろ虫」

## 事例36　おおむね4歳児

# 「おかしやさん」

### どんなことをやるの？

お菓子屋さんになった気分で、いろいろな模様や色のお菓子をたくさん作ります。遊びのなかで絵を描いたり、色を楽しんだりすることができる活動です。また、パスや絵の具の性質を楽しみのなかで学ぶことができます。

お菓子型の紙に模様を描きます

### 子どもの様子

子どもたちはお菓子が大好き。そこで、みんなでお菓子屋さんになってお菓子を作ることにします。さまざまな形の画用紙（クッキーサイズ）を用意しておき、パスで模様を描きます。できた子どもから絵の具の「味つけコーナー」に行き、パスのはじき絵を楽しみます。子どもたちは「赤はイチゴ味、黄色はバナナ味」などと色を見立てて次々にお菓子を作ります。

絵の具で「味つけ」

### 援助について

この活動には、①お菓子の形を選ぶ、②パスで模様を描く、③絵の具のはじき絵を楽しむ、④お菓子屋さんのつもりになって遊ぶ、という段階的な活動要素があります。流れをスムーズにするために、部屋の環境設定を考えましょう。たとえば、画板の上でパスで描く→絵の具コーナーに行く→壁に貼ったお菓子屋さんの模造紙に作品を貼っていく→再び好きな形の画用紙を選びパスで模様を描く……と迷わず巡回できる工夫が求められます。

お菓子屋さんに貼って並べます

### 発展や展開

年長クラスでは、お菓子の形も自分で切って作れるようハサミを用意しておくと、より個性的なお菓子ができるでしょう。

● 準備物
丸・三角・四角に切った小さな紙、模造紙、パス、絵の具。

造形遊びの事例

事例37　おおむね4歳児

# 「傘さしてお出かけ」

### どんなことをやるの？

折り紙を切ったりちぎったりして、好きな形の傘を作って画用紙に貼ります。雨の日のお散歩を思い出して自分なりに絵を描くことを楽しみます。

### 子どもの様子

始めに、絵本『かさ　かしてあげる』（こいでやすこ作　福音館書店　2002年）を読みました。このなかでは、クマやかえるなどいろいろな動物のさまざまな形態の傘が出てきます。子どもたちは自由な発想で紙を切ったりちぎったりしていました。長い紙ができると「へびさんのかさ」と呼び、丸い紙ができると「亀さんの傘」などと発想を広げていました。

### 援助について

この教材は梅雨の時期に行うと子どもたちの身近なテーマとなり、体験したことなどが絵に表わされることがあります。保育者は共感しながら子どもたちの話を聞いてあげましょう。傘を貼ってパスや耐水性ペンで絵を描き、その後、雨として水色で薄く溶いた絵の具を用意しておくのもよいでしょう。

● 準備物
画用紙、色紙、のり、カラーペン。

タンポ筆で雨を描いています

「雨がいっぱい」

「いろんなかたちのかさだよ」

### 事例38　おおむね4歳児

# 「長い棒があったなら」

### どんなことをやるの？

1cm幅の帯状の長い紙（または色テープ）がたくさんあったら何ができるでしょうか。線的につなげたり組み合わせると、何かの形になってきます。さらに、カラーペンで思いついたものを描いてみましょう。

### 子どもの様子

この時期の幼児のかかわりとして、始めに何を作ろうか頭でイメージして作業に入る場合と、棒状の長い紙をつなげたり組み合わせること自体がおもしろく、その遊びを続けていくうちに、やがて「道」や「お家」などに見立てていく場合があります。こうした活動がきっかけとなりペンでどんどん細かく絵を描いていきます。

### 援助について

棒状の紙をたくさん用意しておき、のりで貼るという方法もありますが、シールシートを長く切ったものを用意しておくと、すぐに貼れてイメージがスムーズに形になっていきます。または棒状の紙の代わりにビニールテープやマスキングテープ等を使用することもできます。個々に画用紙に製作してもよいですが、模造紙などの大きな紙に友だちと共同で製作しても楽しいでしょう。

● 準備物
1cm幅の帯の長い紙またはカラービニールテープ、カラーペンまたはパス。

カラーテープを組み合わせて…

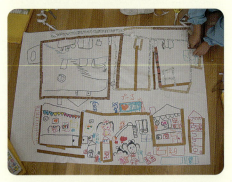
共同で活動しました

紙を立てかけて活動しました

造形遊びの事例

事例39　おおむね5歳児

# 「私のお家に遊びにおいで」

### どんなことをやるの？

①二つに折りたたんだ紙をそっと開くとそこはお家のなか（右図）。動物たちの楽しい家や自分の家族が住んでいる家のなかを想像して描きます。②みんなの家を大きな紙の好きなところに貼って共同で街をつくります。

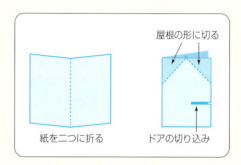

### 子どもの様子

二つに折った紙の上の部分を屋根の形に切り、ドアの切り込みを入れることにより、一層"家のなか"を描くおもしろさが増します。家のなかを仕切り、さまざまな部屋に分けたり、2階建てにしたりと、楽しい家ができました。

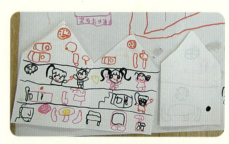

小さな紙にお家のなかを描きました

### 援助について

5歳の時期を過ぎると友だちとイメージを共有し合い、お互いが影響を受けながらなにかを描いたり、ものを作ったりすることが多くなります。

この保育では大きな模造紙にみんなの家を貼り、道をつなげるなどして街を作りました。子どもたちは自分の生活のなかで見たことや知っていることをもとにさまざまなものを描きます。保育者が、その話を聞くことによりさらに描く内容も発展していきます。

● 準備物
画用紙、模造紙、カラーペン。

模造紙にお家を貼り、さらに描画が発展しました

### 事例40　おおむね5歳児

# 「切って、折ってなにができるかな？」

### どんなことをやるの？

基本的な紙の折り方（右図）を知り、自分なりに立体の構造物を作ります。友だち同士の影響を受けながら、なにかを作る楽しさを共有します。

〈紙の基本的な折り方〉

### 子どもの様子

紙を折って立体にする作業は子どもにとって魅力的です。家の部屋や家具に見立てながら、さまざまな立体物を工夫して作り出します。筒にした紙を柱にして2階建てや屋根裏を作ったり、長い紙を階段のように折ってつなげて楽しみます。人形などもあわせて作るとごっこ遊びが始まります。

### 援助について

始めに保育者から基本的な簡単な折り方を教えると、コツをつかんだ子どもはそこから自分なりに工夫します。たとえば、活動のきっかけとして、まずは部屋のような空間をみんなで作ることにより、そこに家具や日用品や人形を作ってそれぞれがテーマを広げやすくなるでしょう。

接着は線接着が可能な有機性ボンドを使うと立体に加工しやすいですが、用意できない場合はでんぷんのりを使います。その場合「のりしろ」の部分を工夫することを指導する必要があります。

紙を箱型に組み立て、部屋を作っています

### 発　展

模造紙を用意しておくと、ペンで道などを描くこともでき、個人の製作から友だちとの「共同の街」に発展していきます。

街に発展！

- 準備物
  色画用紙、ハサミ、のり。

造形遊びの事例

事例41　おおむね5歳児

# 「おしゃれなくつやさん」

### どんなことをやるの？

子どもは身につけるものや飾るものを作ることが大好きです。ここでは自分の足の形をかたどり、それをベースにしておしゃれなぞうり型の靴を作ります。そっと履いて歩いて楽しんだり、お店屋さんごっこを始めたりします。

### 子どもの活動の様子

画用紙に自分の片足（あるいは上履き）を置いて、ペンで輪郭をなぞります。できた形を改めて見ると「こんなカタチしてる！」と驚く子どももいます。保育者とともに基本形をつくり、後は子どもの発想にまかせて色紙やペンで装飾をします。羽やバネのついている靴や、目や耳のついたかわいい動物スリッパもできました。

自分の足の型から底部分を切り取ります

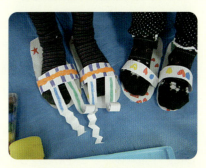

基本型から工夫してみましょう

### 援助について

足に履けるぞうりの基本形までは保育者とともに一斉に作ります。その後は自分なりの個性が出せるよう、色画用紙や色紙を用意しておきます。その際、子どもが加工しやすいようにさまざまな大きさに切ったものを用意することも有効です。下地の紙は履いて遊ぶことも考え、厚目の画用紙か、ボール紙がよいでしょう。また、靴裏にガムテープを貼っておくと、破れにくくなります。

靴屋さん

### 発展や展開

みんなの作った作品を並べて靴屋さんに発展することもできます。実際にこれを履いて園内をそっと散歩しても楽しいでしょう。

● 準備物
画用紙、カラーペン。

事例42　おおむね5歳児

# 「オリジナル植木鉢」
— 作ったものを生活に生かそう —

### どんなことをやるの？

　土粘土の触感を味わいながら、植木鉢を作ります。自分で工夫して楽しい形にしてみましょう。形成後は800℃で素焼きをし、実際に種を植えて植物を育ててみるなど、作ったものを生活のなかで、使ったり、飾ったりしてみましょう。

高さは5cm以上にし、底には水が出ていく穴を空けておきます

### 子どもの様子

　年長児になると、粘土でなにかを形成することを楽しむようになります。春の暖かい時期、「好きな形の植木鉢を作って花を育てよう」と提案すると、楽しい形の鉢が次々と完成しました。形成後、1週間乾燥させて素焼きをしました。すると質感や色が変わり子どもたちは驚きました。そこに耐水性のアクリル系絵の具で装飾し、土を入れ、マリーゴールドの種を植えました。1週間後、子どもたちから「芽が出た！」という報告が聞かれました。

素焼き後、アクリル絵の具で装飾しています

### 援助について

　実際に鉢として使うために、容器は5cm以上深くしておく必要があります。容器が浅い幼児には「根っこがいっぱい伸びるように壁を高くしよう」と指導しておきます。また粘土形成時の仕上げとして、底に水が出て行く穴を数カ所空けておきます。
※粘土の素焼きは業者に委託することもできます。

土を入れ、種をまきました

- 準備物
  土粘土。

何を植えたか分かるように、プラカードを作って立てました

造形遊びの事例

### 事例43　おおむね5〜6歳児

# 「絵本を読んで、絵を描こう」
― 例『まじょのくに』―

### どんなことをやるの？

絵本を読むなかで子どもたちはさまざまなイメージの世界を膨らませます。ここでは、絵本『まじょのくに』（油野誠一作　福音館書店　2006年）を読むことをきっかけに、自分なりに思いついた想像の世界のお話を絵の具とペンで描いた例を紹介します。

### 子どもの様子

子どもたちは未知の世界や空想の話が大好きです。この絵本のなかでは、魔女の国に遊びに行くことになった主人公の、今まで体験したこともないわくわくするような出会いが描かれています。ほうきで空を飛ぶ様子や魔女の奇妙な食事など、年長の子どもたちは、自分が魔女の国に行ったかのように興味をもって絵本を見ていました。そして、「もし魔女の国に行ったらどんなことをして遊びたい？」「魔女の住んでいる家はどんなものがあるかな？」など、イメージを広げるきっかけを投げかけると、楽しそうに自分の想像したことを描き、いろいろな話を聞かせてくれました。

### 援助について

描画材は、一度にさまざまなものを用意すると、子どもたちは戸惑ってしまいます。たとえば、まず色画用紙に絵の具で大まかな部分を描き、次にペン（細字）で細部を描き、コンテパステルで装飾的に描けるよう、様子を見ながら時間差で出すという方法もあります。また、子どもによっても扱いやすい描画材がそれぞれ異なるので、選択できるよう用意するのもよいでしょう。絵の具は何色を準備するのか、テーマや下地の画用紙の色によって保育者の方で設定するのもよいでしょう。

● 準備物
画用紙、絵の具、コンテパステルなど。

イメージが花開きます

「まじょのくにはいろんなおへやがあるよ」

### 事例44　おおむね5〜6歳児

# 「土粘土遊び」

### どんなことをやるの？

土粘土に全身の感覚でかかわります。広い空間のなかで自由に粘土をつなげたり重ねたり、思い思いに何かを形成したり壊したりしてダイナミックに遊びます。

### 子どもの様子

広いスペースに大きな粘土の山を用意しておきました。子どもたちはそれを手で小さなかたまりに分け、まずは足で踏んだり、腕の力で平たくしました。「冷たいよ〜」「重たいな」「土のにおいがする！」など、全身の感覚を駆使してこの土のかたまりに挑んでいるのが分かります。たこひもを用意しておくと、かたまりをブロック状に切り取ることを繰り返し楽しみます。そして、それを友だち同士でつなげたり組み合わせたりして、道や基地のようなものができてきました。

### 援助について

粘土は手元で作品を形成するだけの素材ではなく、子どもにとっては全身の感覚で自由に自己実現できる素材でもあります。機会があれば、広い空間でダイナミックな造形を楽しみましょう。

- ●準備物
  土粘土、たこ糸。

たこ糸の両端に短い棒をつけておくと、粘土が切りやすくなります

「もっとつなげよう！」

長い長い道ができました

造形遊びの事例

事例45　おおむね5〜6歳児

# 「経験したことを描いてみよう」

### どんなことをやるの？

　子どもたちが生活のなかで経験したことを絵に描きます。運動会やイモ掘りなどの行事や、普段の遊びのなかで印象深かったことなどをみんなで話し合って自分なりに楽しく描きます。

### 子どもの様子

　子どもたちは普段、経験したことを保育者や友だちに言葉で伝えることに喜びを感じています。しかし、それを絵で表現するとなると戸惑いが感じられることもあります。最初はなにを描いたらよいのか分からない子どもも、友だちの経験したことを聞いたり、なにが一番印象に残っているのかを保育者が聞いてあげたりすることによって焦点がしぼられ描きやすくなります。

### 援助について

　体験を絵に描くことにより子どもたちは再び思い出して気持ちが高まるようです。描いて終わりではなく、保育者は子どもの話をじっくりと聞いてあげる時間をつくることが大切です。

- ● 準備物
  画用紙、絵の具、パスなど。

「運動会でかけっこして、ぐるっとはしったよ」

「ザリガニつりしたよ。あかちゃんもいたんだよ」

「おいもがいっぱいとれた。鳥がかあかあ鳴いていた」

おおむね5〜6歳児

165

事例46　おおむね5〜6歳児

# 「絵本のなかに入ってみよう」

### どんなことをやるの？

幼児期の後半になると子どもたちは描画のなかに物語（ストーリー性）を表現することが多くなってきます。そこで、ページをめくってストーリーが展開できる絵本を自分で作ってみましょう。ここではストーリーのきっかけを見つけやすいように、ペープサートのように棒をつけた登場人物を先につくり（右図）、それを動かしてイメージで遊びながら絵本のストーリーを描いていきます。

### 子どもの様子

まずは登場人物をなににするか一つ考えます。自分、あるいは好きな動物など考えてそれにもち手の棒をのりで貼り、動かして遊びます。数ページのホッチキスで綴じた画用紙に、その主人公が冒険をしたり、遊んだりする絵を描いていきます。

主人公の人形を意識しながらストーリーを考えていきます

### 援助について

子どもたちは絵本を大人から読んでもらったり自分で見たりすることが好きです。そして自分で絵本を作ることにはとても興味を示します。製本は、画用紙をホッチキスで綴じたものを保育者の方であらかじめ用意しておいてもよいでしょう。保育者は子どもの表現を共感しながら受けとめることが大事です。子どもたちは、字を書かなくても絵を見ながらお話をします。

物語が豊かに紡がれていきます

● 準備物
白画用紙、色画用紙（表紙用）、カラーペン、ホッチキス。

自分の作った絵本を友だちに読み聞かせているところ

造形遊びの事例

**事例47　おおむね5〜6歳児**

# 「自然物を使って表現してみよう」

### どんなことをやるの？

野外で集めてきた自然物（草木や葉、木の実、小枝、小石など）の形をきっかけにイメージを膨らませて絵を描きます。季節によりさまざまな色、形の素材が自然界には豊富にあります。造形素材として生かす工夫をしてみましょう。

### 子どもの様子

子どもたちは、遠足や散歩に出かけるとさまざまな自然物に出会います。草花を採って園にもち帰ったり、小石や木の実などを拾い集めたりしています。そして、それらを造形素材に生かすことがよくあります。ここでは、採集したものを紙に直接ボンドで貼り、絵を描きました。葉や石の形をさまざまなものに見立てて楽しみました。

### 援助について

この活動は季節限定の体験といえます。季節の自然環境を楽しむ活動の一つととらえたらよいでしょう。できた作品は飾って鑑賞します。自然物の接着は基本的には木工用ボンドがよいでしょう。ただし石や小枝など、重いものを貼るときは、保育者の方で強力な接着剤を使う必要があります。

● **準備物**
画用紙、木工用ボンド、パス、絵の具。

菜の花を使って

春らしさがあふれています

コンテパステルで下地を作った上に葉っぱを貼り、絵を描き足しました

石がこんなに表情豊かに！

事例48　おおむね5〜6歳児

# 「フィンガーペイント」

### どんなことをやるの？

手のひらを使って絵の具を塗り広げて遊びます。さまざまな色を混ぜたり、指で絵を描いたり消したりして、感覚的にかかわり絵の具に親しみます。

### 子どもの様子

最初に保育者が、子どもたちの画用紙の上に少しずつ絵の具を置いていきます。子どもたちは興味津々で絵の具を見つめ、早く触りたそうです。まず指の先で絵の具をつつくように触り、徐々に片手、両手のひらというふうに、全身活動に向かってかかわっていきます。1色目が紙の全体に広げられた頃、2色目を配ると、混色の色が楽しめるため、子どもたちは大喜びです。指でひっかいて絵を描いたり、それを手のひらで消すこともできるので、気軽に何回も絵を描いては消すという遊びを繰り返し楽しんでいました。

### 援助について

絵の具には「とろみ」をつけておきます。小麦粉を加える、水のりを加える、片栗粉を熱したもので絵の具を溶くなど工夫できます。発展として、トイレットペーパーで画用紙上の絵の具をふき取るよう集めると色団子ができます。また、指でひっかいて描いた絵を別の紙に写し取る「モノプリント版画」も楽しめます。活動後の画用紙を乾かし、それを下地にしてなにかの絵を描いてもおもしろいでしょう。

● 準備物
画用紙、絵の具、水のりまたは小麦粉。

感覚的なかかわりはとても大切です

混色や手の痕跡を楽しみます

「色団子」で遊ぶこともできます

# 付　録
## 表現のための基本技法

## 1　はじき絵

　はじき絵は、紙にろうなど水をはじくような材料を用いて絵を描き、その上から水彩絵の具で色をかける技法をいいます。一般的にはパスで描画をして、その後絵の具を塗るかたちで使われています。バッチックともいいますが、これはろうけつ染めも意味しますのではじき絵でいいと思います。はじき絵は先にいいましたように、バックの処理に使われるような消極的な使い方が多いのですが、独特の質感が出ますので、最初からはじき絵を使うことを念頭に置いて絵をつくってみたらいいのではないかと思います。

## 2　スクラッチ

　ひっかき絵のことをスクラッチといいます。一般的にはパスで絵を描いて、その上から黒のパスを塗り込み、その後割りばしやつまようじなど先のとがったもので上の黒いパスをひっかいて取ります。でき上がりはひっかいた部分は下の色が出現しますし、残りは黒がそのまま残りますから非常にめりはりの効いた絵に仕上がります。その他にパスで絵を描いた上にローラーで版画用のインクを塗ったり、墨を塗ったりしても可能です。この技法の問題は、良好な結果を得るためには最初のパスを塗る部分や最後の黒のパス塗りをきっちり塗り込める必要があることです。下地であるために模様などを描かせますが、子どもの活動としては続きにくいことなどがあげられます。それらの対策としては、下地のパスの部分は好きな絵を塗り込めることを条件に描かせ、上の黒塗りは墨やインクを使うことを勧めます。

　また、紙の大きさも最大で八つ切り程度にとどめる必要があると思います。工夫としてはひっかく材料をいろいろ試してみてください。くしやキャップなど思わぬひっかき方をするものがありますので、身の回りの廃材を試してみるのもいいと思います。

## 3　にじみ絵

　にじみをわざと利用した絵のことをいいます。きっちりとした境界線がなくて、色が順々に移り変わっていくような表現になります。2色間で交わっているところは混色しますから美しい色も出現します。このような効果があるものですから、使い方によっては美しい作品が期待できます。方法はまず紙に水を塗ってから水溶き絵の具をのせていく方法と、絵の具で先に描いて、乾燥しないうちに先に描いたものに接するような形で別の絵の具をのせる方法があります。前者の方法は絵を描くための下地として使われることが多く、後者の方法で虹を描いているのはよく見かけます。

## 4　はしペン画

　はしペンを使った絵をはしペン画といいます。はしペンとは、割りばしの先をナイフや鉛筆けずりでとがらせたもので、そこに絵の具や墨汁をつけて描画活動を行います。子どもの絵は基本的には線描ですから、線を描く材料として広く使われています。ペンのつくり方は、先を鉛筆のようにとがらせるのではなく、少し余裕を残すようにしてください。また墨汁は、薬瓶のなかに脱脂綿を敷いてそのなかにひたひたの状態で入れておくと便利です。パレットなどの後始末も必要ないですし、瓶が転んでもすぐには墨汁は出てきません。その上墨汁もつけやすいように思います。はしペンの場合、一般的なペンやマーカーと比べると頻繁に墨汁などをつけなくてはなりません。そのようなことなどを勘案しても、できれば瓶を用意することをお勧めします。

## 5　点々遊び（点描画）（写真1）

　幼児がする場合は遊びとして点々の組み合わせや、重なりなどに注目させてみてはどうかと思います。重なりの場合など、下の点の色と重色したりするので、新たな発見もある遊びであるとも思います。特に年齢の低い幼児の場合、形が描けなくても行為自体を楽しめますからやってみたい題材です。材料は何でもいいのですが、重色の効果などを期待するのであるならば、絵の具を使ってください。

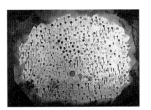

写真1　点々遊び

## 6　ルーラー遊び（写真2）

　ルーラーで模様を描くことをいいます。ルーラーは版画のときに用いられるインクをつけて転がす道具のことです。筆に比べ均一に絵の具などがつくことと、少量の絵の具をつけると、下の紙の地色や重なった色を透かした感じで表現することが可能であるという特徴をもっています。小さめのルーラーや柄の長いルーラーも

付　録●表現のための基本技法

売っています。特に柄の長いルーラーは、保育室に大きな紙を敷いて幼児が歩きながら線を引いたりする造形遊びもできますので、お勧めです。また落ち葉に絵の具をつけてその上からルーラーを転がして写し取り、紙に転写するような使い方もできます。

写真2　ルーラー遊び①　　　ルーラー遊び②

### 7　スパッタリング（写真3）

スパッタリングとはブラシに絵の具を含ませ、それを網に擦りつけることによって霧状の絵の具をつくる方法です。絵の具が霧状になりますから、表現は色が均一にまかれたように見えます。よく使われるのは紙などで形を切り抜き、それを台紙に置きその上からスパッタリングする方法です。乾燥後切り抜いた形を取ると、そこに台紙の色の形がくっきりと残っているということになります。専用の網も売られていますが、幼児は力をコントロールする能力が十分でないことや、切り抜かれた形が動いてしまうとうまくできないことを考えると、専用の網より台所で使う水きりのざるを勧めます。ざるですと上からスパッタリングしても潰れませんし、ざるのなかまで触れませんから形が動くこともないからです。

写真3　スパッタリング

### 8　スタンピング（型押し）（写真4）

スタンピングは、いろいろなものを判を押すようにして表す方法です。身近なものでおもしろいスタンプを自作することもできます。六角になっている鉛筆の端に絵の具をつけ、繰り返し紙の上に押していくだけでもおもしろい模様ができます。木の葉や野菜を切った切り口、レース地などを用いて変化に富んだ形がスタンピングできます。定規の端に絵の具をつけて紙に押すと線の表現が可能です。台紙にひもを貼り付けて自分の好きな形にしてスタンプにすることもできます。スタンプをつくる材料として、芋や消しゴム、せっけんなどを彫って用いることもできます。

写真4　スタンピング①　　　スタンピング②

### 9　ステンシル（写真5）

ステンシルは、穴の空いた型紙を用いて色を置いて形を写す方法です。型紙に空ける穴の形は凹凸の少ない簡単な形が適当ですが、いくつも組み合わせて並べて複雑な形や模様を表すこともできます。毛先の短いブラシに絵の具をつけて表す方法をはじめ、たんぽを用いて絵の具をすり込んだり、型紙の上から絵の具のついたローラーを転がして色を置く方法などがあります。また、コンテやパスなど粉状の色材でも可能です。この場合は直接塗り付けるか、いったん粉にしてから塗る方法がありますが、そのままでは色が落ちる場合はフィクサチーフで定着をします。ラッカーなどを型紙の上から吹き付けて表すこともできます。

写真5　ステンシル①　　　ステンシル②　　　ステンシル③

## 10 デカルコマニー（合わせ絵）（写真6）

　紙の片側に絵の具をのせて紙を折り曲げて押さえると、もう一方の余白に絵の具が転写され左右対称の不思議な形をつくることができます。形のおもしろさだけでなく、絵の具の混じり具合も独特の材質感を伴ったものになります。また、紙を折り曲げるだけでなく別の紙に写し取ったり、ラップをかぶせて絵の具の混ざり方を見ながら、押さえる力をコントロールする方法なども工夫できます。細かく砕いたクレヨンやクレパスなどを紙の上に置きアイロンでプレスすると、熱によって色材が溶けて一種のデカルコマニーとなります。

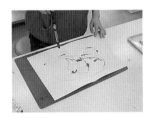  

写真6　デカルコマニー①　　　デカルコマニー②　　　デカルコマニー③

## 11 マーブリング（墨流し）（写真7）

　水面に油性の絵の具を膜状に浮かして偶然できるおもしろい形を紙に写し取ります。水と油の反発する性質を利用するのですが、水面に浮かぶ絵の具であれば本来は水に溶ける絵の具でも使用できます。写す紙はできるだけ吸収性のよいものを選びます。つまようじや竹ひごなどで水面に広がる絵の具の膜をそっと動かして模様を変えることもできます。くしのようなものであれば一度にいくつもの場所を変えることもできます。使う絵の具によっては布などに写し取ったり、慣れると立体的なものに写し取ったりすることもできるようになります。大理石（Marble）に似た模様から呼び名がついています。

写真7　マーブリング①　　　マーブリング②　　　マーブリング③

## 12 フロッタージュ（こすり出し）（写真8）

　硬くて凹凸のあるものの上から薄い紙を置いて鉛筆やクレヨンなどで紙をこすると、そのものの形（材質の地肌）が浮かび上がります。この方法をフロッタージュと呼びます。小さな硬貨からマンホールのふたやそれ以上大きなものでも、条件がそろえば写し取ることは可能です。大きなものは小さなものとは違った表情があり、何でもない床の木のタイルなども、広い部分を写し取ると体全体の表現活動となります。

写真8　フロッタージュ

## 13 糸・ひもを用いた版画的技法（写真9）

（1）糸ひき絵

　絵の具などをしみこませた糸やひもを紙の間にはさみ、この糸やひもをはさんだ紙から引き抜くと絵の具が紙に移り、立体的や流動的な独特の模様ができます。繰り返して行うことで美しい色彩効果が得られます。

（2）糸目転がし

　糸や細いひもを丸い棒に巻きつけた一種のスタンプをつくります。このスタンプは回転することができるので、絵の具をつけて紙の上を転がすスタンピングといえます。

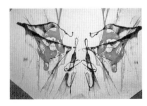

写真9　糸・ひもを用いた版画的技法

付　録●表現のための基本技法

（3）糸はじき絵
　タコ糸や縫い糸の一方を押しピンなどで固定して、その糸に水彩絵の具を塗り付けます。そして片手で糸を引っ張り、ピンとさせてから、もう一方の手で糸を弾きます。そうすると、糸の下に置いた紙に糸の形が写るのです。

　　糸ひき絵①　　　　　　糸ひき絵②　　　　　　糸目転がし　　　　　　糸はじき

## 14　ブローイング（吹き絵）（写真10）
　色画用紙などの上に落とした絵の具をストローなどで吹いて散らした絵の具の跡は、流れ星や神経細胞のようなおもしろい形を残します。中性版画インキ（黒）を画用紙一面にローラーがけして、その上からブローイングすると、絵の具がよく流れます。色味の変化、吹く方向や疎密の変化、リズム感などを考えて構成すれば、この技法だけでも幻想的な画面になります。

写真10　ブローイング

## 15　切り絵（写真11）
　切り絵はカレンダーや新聞などの挿し絵としてよく見かけられるおなじみの技法です。刃物によるキッパリとしたコントラストが特徴的です。幼児の教材にするというよりも保育者自身の研修としてなされる場合が多いようです。黒ケント紙などを図柄に切り抜く要領は、切り抜き作業をしてみればすぐマスターできるので、まず試しにやってみることが大切です。
　仕上がりの見栄えは、下絵の疎と密の面の構成にかかっています。図柄が大まかすぎると切り紙の美しさが生かしきれず、また、緻密すぎると時間切れ、根気切れになったりします。

　　写真11　切り絵①　　　　　　切り絵②　　　　　　切り絵③

## 16　染め紙（写真12）
　薄めの和紙をアコーディオン折りや扇折りにしたり、折り方をいろいろ工夫して折りたたんで、その端を染料や絵の具に浸したり、あるいは筆で色をつけたりします。紙が破れないように広げてみると、思いがけないリズミカルな色模様が現れます。折りたたんだ一部を輪ゴムでしっかり縛って絵の具に浸すと絞り染めができます。

　　写真12　染め紙①　　　　　　染め紙②　　　　　　染め紙③

## 17　シャボン玉絵（写真13）

　水で適度に溶いた絵の具のなかに粉石けんや洗剤を加えて、シャボン玉液をつくります。それをストローにつけて画用紙の上でドーム型にふくらませると、はじけて、シャボン玉の輪がクッキリと画用紙に残ります。シャボン玉液の色を変えたり、大きさを変えたりすると美しい画面ができます。

写真13　シャボン玉絵

## 18　ずらし絵（シフティング）（写真14）

　いろいろな色の帯で縞模様に塗り潰した画用紙を、縞模様との角度を変えて帯状に切り分けます。もとの順序を変えないで少しずつずらしながら別の画用紙などの上に貼り付けていくと、美しい断層模様になります。切り分けた帯を放射状に貼ったり、扇状に貼り重ねたりしても、筆だけでは描けないようなシャープでカラフルなリズムが手軽にできます。

写真14　ずらし絵①　　　　　ずらし絵②　　　　　ずらし絵③

## 19　洗い出し（ウォッシング）（写真15）

　白や淡い色の絵の具で絵や模様を描いて、これをマスクとし、染料や墨で全面を染めた後、水道水などの流れ水でマスクの絵の具を洗い落としますと、絵の具によってマスクされていたところが紙の素地のまま白く出てきます。マスクするための絵の具による絵や模様は、筆で描くほか、スタンピングをしたり、絵の具のしずくを落としたりするのもよいでしょう。

　また、染料や墨の代わりにマーブリング（墨流し）をするのもよいでしょう。この場合のマーブリングは、油絵の具などの濃い色による方が洗い出された部分がクッキリと映えます。

写真15　洗い出し①　　　　　洗い出し②　　　　　洗い出し③

## 20　貼り絵（コラージュ）（写真16）

　色紙を貼ったり、文字が印刷された紙を貼ったりして絵にするパピエ・コレや、材質の異なるものを貼り合わせて絵にするコラージュ、また、写真の切り抜きで構成するフォトモンタージュなどの技法があります。

　これらの技法を使って絵にする「貼り絵」は、写実的に表現しなければならないという、いわゆる描画の重荷から解放され、それでいて、紙を切ったり、ちぎったり、のりをつけたりする活動が伴うので、自分がつくったという確かな手ごたえが残ります。しかも、紙片の図柄や材質、また、明確なイメージをもつ写真などの貼り合わせは期待以上の思いがけない効果をもたらします。

写真16　貼り絵

# 索　引

## あーお
アニミズム描法　83
洗い出し（ウォッシング）　174
ヴィゴツキー　34

## かーこ
科学的思考　99
カタログ期　56
観面混合　58
基底線　59
切り絵　173
形象化　50

## さーそ
自覚的な学び　110
時間差描法　64
資質・能力　19,104
シャボン玉絵　174
集中比例　64
小学校学習指導要領　104
図画工作科　104
スクラッチ　43,170
スタートカリキュラム　107
スタンピング（型押し）　171
ステンシル　171
スパッタリング　171
ずらし絵（シフティング）　174

接続カリキュラム　103
前図式期　98
創造性　34
染め紙　173

## たーと
体性感覚　47
太陽人　54
多視点構図　61
鳥瞰式構図　61
積上遠近法　62
デカルコマニー（合わせ絵）　172
点々遊び（点描画）　170
転倒式構図　60
透視図法　65
同色塗り　65
頭足人　55,57
特殊感覚　47

## なーの
内臓感覚　47
なぐり書き（スクリブル）　50
にじみ絵　170
ねらい　23
能動触　52

## はーほ
はじき絵　170

はしペン画　170
貼り絵（コラージュ）　174
プラスの造形　68
ブローイング（吹き絵）　173
フロッタージュ（こすり出し）　172
平行遠近法　65
保育所保育指針　14,19,21

## まーも
マーブリング（墨流し）　172
マイナスの造形　68
マスロー　35
学びの芽生え　110
マンダラ　54
命名期　53

## やーよ
幼児期の終わりまでに育ってほしい姿　19,104
幼児の美術鑑賞　112
幼稚園教育要領　14,19,20
幼保連携型認定こども園教育・保育要領　14,19,22

## らーろ
ルーラー遊び　170
レントゲン描法　63

新時代の保育双書

## 保育内容　表現〔第2版〕

2010年10月10日　初　版第1刷発行
2017年3月1日　初　版第7刷発行
2018年2月20日　第2版第1刷発行
2023年3月1日　第2版第4刷発行

編　者　中川香子
　　　　清原知二
発行者　竹鼻均之
発行所　株式会社みらい
　　　　〒500-8137　岐阜市東興町40　第5澤田ビル
　　　　TEL 058-247-1227㈹
　　　　http://www.mirai-inc.jp/
印刷・製本　西濃印刷株式会社

ISBN978-4-86015-427-1　C3337
Printed in Japan　　乱丁本・落丁本はお取替え致します。